Aufläufe

AUTOREN: E. DÖPP, C. WILLRICH, J. REBBE | FOTOS: JÖRN RYNIO

Praxistipps

4 Ofengerichte für viele Gelegenheiten – für die Alltagsküche und Gäste
5 Gerätekunde: Feuerfeste Formen – solide und dekorativ
6 Grundrezept: Tomaten-Kräuter-Sauce
7 Grundrezept: Béchamelsauce
64 Warenkunde: Käse aus aller Welt
Umschlagklappe hinten:
Extrarezepte: Frische Beilagensalate
Extrarezepte: Süße Saucen

Extra

Umschlagklappe vorne:
Die 10 GU-Erfolgstipps – Mit der Gelinggarantie für duftenden Auflauf-Genuss
60 Register
62 Impressum

Rezepte

8 Mit Gemüse

9 Gratin Dauphinois
10 Auberginen-Auflauf
10 Süßkartoffel-Auflauf
11 Parmigiana mit Zucchini
11 Kartoffel-Pilz-Auflauf
12 Gemüse-Pie
14 Rosenkohlgratin
14 Gemüse-Flan
16 Mangold-Nudel-Auflauf
18 Brotauflauf mit Käse
18 Kürbisauflauf mit Bulgur
20 Blumenkohl-Gorgonzola-Auflauf
21 Wirsingauflauf
21 Gemüse à la crème
22 Paprika-Reis-Auflauf
22 Gratinierte Polenta
24 Käsesoufflé
26 Penne-Spargel-Gratin
26 Käsespätzle-Gratin
28 Überbackene Cannelloni
28 Farfalle-Ricotta-Auflauf

30 Mit Fisch und Fleisch

31 Orientalische Moussaka
32 Mediterraner Bohnenauflauf
34 Sauerkraut-Auflauf
34 Grünkohl-Salami-Auflauf
36 Couscousauflauf mit Putenbrust
38 Chicorée-Schinken-Gratin
38 Makkaronigratin
40 Spanischer Gemüseauflauf mit Chorizo
42 Makkaroniauflauf Pastitsio
44 Pastitsio mit Ricotta
45 Fischauflauf
45 Brokkoli-Schinken-Gratin
46 Spiralnudel-Gratin mit Lamm
48 Kartoffel-Hering-Gratin
48 Lachs-Spinat-Gratin
50 Lachs-Lasagne

52 Fruchtig und süß

53 Clafoutis mit Kirschen
54 Scheiterhaufen
54 Aprikosen-Crumble
55 Reis-Mandel-Auflauf
55 Grießauflauf
56 Trockenfrüchte-Gratin
58 Schokoladen-Soufflé
58 Ricottacreme-Soufflé

Ofengerichte für viele Gelegenheiten

Aufläufe, Gratins und Soufflés – alle kommen immer gut an. Egal, ob in der Alltagsküche, wenn's schnell und preiswert sein soll oder mit edlen Zutaten, wenn Sie Gäste verwöhnen möchten.

Aufläufe – herzhaft und himmlisch

Ofengerichte gelingen ganz leicht. Wichtig dabei ist, dass alles, was in die feuerfeste Auflaufform kommt, zur gleichen Zeit gar wird. Damit das auch klappt und sich die unterschiedlichen Aromen der Zutaten verbinden, hier ein paar Küchentricks:

1. Zutaten passend vorbereiten. Bei allen mit kurzen Garzeiten ist Schnippeln und bei Zutaten mit längeren Garzeiten Vorgaren oder Blanchieren angesagt. Das gilt vor allem für Kartoffeln, Nudeln und Reis bzw. harte Gemüse.

2. Lage auf Lage schichten. Die vorbereiteten Zutaten sorgfältig in die gefettete Form schichten, eventuell glatt streichen und jede Lage würzen. So geschichtet sieht der Auflauf dekorativ aus, bekommt ein würziges Aroma, und alles wird gleichmäßig gar.

3. Mit Guss und Käse abschließen. Eine helle Sauce oder Eiermilch macht Aufläufe schön saftig und bindet die Zutaten. Für die beliebte goldbraune Kruste kommt nach dem Einschichten noch Käse obendrauf, dann ab in den Ofen.

Gratins – knusprig und goldbraun

Gratinieren heißt kurz überbacken. Die kurze Backzeit ist der Riesenvorteil von Gratins. Und: Sie können so gut wie alles gratinieren, vom edlen Lachs bis zu Räucherwürstchen, von knackfrischem Gemüse bis zum Dessert mit aromatischen Früchten.

1. Zutaten vorgaren. Aufgrund der kurzen Backzeit garen Sie alle Zutaten am besten vor. Gemüse mit kurzer Garzeit braten Sie in der Pfanne bissfest an – das sorgt für ein kräftiges Aroma und kann gut am Vortag erledigt werden.

2. Guss zum Schluss. Der Guss kommt erst unmittelbar vor dem Backen über die Gratin-Zutaten und sollte weder kalt, noch dick oder gar fest sein.

3. Käse je nach Sorte zugeben. Streuen Sie Käse entweder gleich zu Beginn der Backzeit oder erst später obendrauf. Manche Sorten werden schnell braun und schmecken dann bitter. Mehr über wichtige Käsesorten erfahren Sie auf Seite 64.

Soufflés – locker und luftig

Ahs und Ohs ernten Sie garantiert, wenn Sie diese locker-luftigen Köstlichkeiten auftragen. Mit modernen Küchengeräten und Backöfen sowie unseren Rezepten gelingen Soufflés ganz leicht.

1. Kräftig schlagen. Schlagen Sie den Eischnee cremig steif und geben Sie etwas Speisestärke dazu. Den Eischnee dann portionsweise vorsichtig unter die Soufflémasse ziehen. Sie können den Eischnee natürlich nach Belieben auch ohne Speisestärke schnittfest schlagen.

2. Geschlossene Veranstaltung. Ist das Soufflé erst im Ofen, bleibt die Backofentür zu, damit es nicht zusammenfällt. Beobachten Sie durch das Backofenfenster, wie das Soufflé aufsteigt.

3. Fix auftragen. Das fein gebräunte Soufflé rasch aus dem Ofen nehmen und sofort servieren, damit es nicht in sich zusammenfällt.

Feuerfeste Formen – solide und dekorativ

1 Auflaufformen können in Größe und Form variieren. Das Angebot in verschiedenen Preislagen ist riesig. Wählen Sie, was Ihnen gefällt und am besten Ihren Bedürfnissen entspricht. Ob rechteckig oder rund, das spielt keine Rolle, Hauptsache die Formen sind feuerfest. Wichtig ist außerdem, dass der Rand 5–8 cm hoch ist, damit Sie die Zutaten in mehreren Lagen übereinander schichten können.

1

2

2 Gratinformen sollten flach und groß sein: mit viel Platz für den Zutatenmix. Gratins brauchen nämlich eine möglichst große Oberfläche, damit die Zutaten rasch heiß werden und sich eine schöne Kruste bilden kann. Halten Sie nach hübschen Formen Ausschau, da Sie das Gericht in der Form auftragen. Neuerdings gibt es praktische, flexible, bunte Formen aus Silikon, die nicht mehr eingefettet werden müssen.

3

3 Souffléformen sind aus Porzellan, Glas oder Steingut. Sie können selbstverständlich auch kleine Portionsförmchen verwenden – hier sind Bechertassen der große Trend. Wählen Sie auf jeden Fall Formen mit senkrechten Wänden, damit das Soufflé beim Backen hochsteigen kann. Füllen Sie die Form immer nur zu zwei Dritteln, damit nichts überläuft.

Tomaten-Kräuter-Sauce

Sie macht Nudel- und Gemüseaufläufe fruchtig-aromatisch.
Für die schnelle Küche gibt es sie im Supermarkt als Fertigprodukt.

Für ca. 400 ml Sauce
1 Zwiebel
1 Knoblauchzehe
½ Stange Staudensellerie
½ Möhre
1 Bund gemischte Kräuter
(z. B. Basilikum, Thymian und Petersilie)
1 EL Olivenöl
400 g stückige Tomaten (Dose)
Salz | Pfeffer

Für 4 Personen | 15 Min. Zubereiten
Pro Portion ca. 55 kcal, 2 g EW, 3 g F, 4 g KH

1 Zwiebel und Knoblauch schälen. Zwiebel klein würfeln. Sellerie waschen, putzen, längs halbieren, in dünne Scheibchen schneiden. Möhre putzen, schälen und klein würfeln. Kräuter waschen und trockenschütteln, die Blättchen klein schneiden.

2 Öl erhitzen, Zwiebel darin glasig dünsten. Staudensellerie und Möhre zugeben und in 4 Min. weich, aber nicht braun braten. Knoblauch dazupressen. Kräuter und Tomaten mit Saft dazugeben und untermischen, salzen und pfeffern.

3 Die Sauce aufkochen und offen bei mittlerer Hitze weitere 6 Min. köcheln lassen, dabei immer wieder umrühren.

TIPPS

Nach Belieben 1 Lorbeerblatt mitkochen oder 1 EL Tomatenmark unterrühren. Je nach Tomatensorte gerät die Sauce mal flüssiger, mal dicker. Für Aufläufe darf sie dick sein. Bereiten Sie die Sauce in der doppelten oder dreifachen Menge zu. Ob dick oder dünn, sie lässt sich einfrieren und passt auch zu Nudelgerichten.

Béchamelsauce

Sie ist die Basis für viele leckere Aufläufe. Für Eilige gibt es sie ebenfalls im Supermarkt als Fertigprodukt im Tetrapack.

Für ¼ l Sauce
2 EL Butter
2 EL Mehl
¼ l Milch
Salz | Pfeffer
1 Prise Muskatnuss, frisch gerieben

Für 4 Personen | 10 Min. Zubereiten
Pro Portion ca. 95 kcal, 3 g EW, 6 g F, 7 g KH

Butter schmelzen lassen. Mehl zugeben und unter Rühren goldgelb anschwitzen. Nach und nach Milch zugeben und mit dem Schneebesen unterrühren. Mit Salz, Pfeffer und Muskat würzen. Die Sauce unter Rühren 5 Min. köcheln lassen. Gibt es Klümpchen, die Sauce mit dem Pürierstab aufschlagen.

VARIANTE – GORGONZOLASAUCE

Perfekter Ersatz für Fleisch in Nudelaufläufen. 2 Schalotten und ½ Knoblauchzehe schälen, beides klein schneiden. In 1 TL Butter glasig dünsten. 2 EL Crème fraîche und 80 g Gorgonzola unterrühren. ¼ l Béchamelsauce zugießen, mit dem Pürierstab aufschlagen.

VARIANTE – KÄSE-SAHNE-SAUCE

Prima für Gemüse und Fisch. Béchamelsauce zubereiten, 20 g geriebenen Greyerzer einrühren, schmelzen lassen, beiseite stellen. 1 Eigelb mit 1 EL Sahne verquirlen und unterschlagen. Unter kräftigem Schlagen aufkochen lassen, sofort vom Herd ziehen. 2 EL Sahne unterrühren.

VARIANTE – CURRYSAUCE

Fein für Fischaufläufe. 1 Zwiebel schälen, klein schneiden und in 1 TL Butter glasig braten. 1 EL Currypulver, 125 g Sahne und ¼ l Béchamelsauce unterrühren. Vom Herd ziehen und 1 Eigelb unterziehen.

Mit Gemüse

Gemüseaufläufe sind oft schon solo richtig schöne Hauptgerichte. Besonders gut eignen sie sich wie dieses Kartoffelgratin aber auch als Beilage zu zartem Fleisch. Wir mögen diesen Klassiker aus Frankreich besonders mit einem frischen Salat dazu und haben die Erfahrung gemacht: Am besten gelingt das Gericht, wenn die Kartoffelscheiben vor dem Backen gut mit Eiermilch überzogen sind.

Gratin Dauphinois

1 kg mehlig kochende Kartoffeln
Salz | Pfeffer
1 Prise Muskatnuss, frisch gerieben
50 g Greyerzer Käse
1 Ei
400 ml Milch
Butter und Knoblauch für die Form
Butterflöckchen

Für 4 Personen
30 Min. Zubereitung | ca. 50 Min. Backen
Pro Portion ca. 295 kcal, 13 g EW, 11 g F, 34 g KH

1 Den Backofen auf 200° vorheizen. Eine breite Gratinform mit Knoblauch ausreiben, mit Butter einfetten. Kartoffeln waschen, schälen, in dünne Scheiben schneiden. In einer Schüssel mit Salz, Pfeffer und Muskat würzen. Käse reiben. Ei und Milch verquirlen, mit den Kartoffeln vermischen. Die Kartoffeln sollen nicht aneinander kleben.

2 Die Kartoffeln in die Form geben und gleichmäßig verteilen. Mit Käse bestreuen, mit Butterflöckchen belegen. Im Ofen (Mitte, Umluft 180°) in 40–50 Min. goldbraun backen. Mit gemischtem Salat und Letscho (Rezept Seite 42) servieren.

mediterran

Auberginen-Auflauf

3 Auberginen | 500 g reife Tomaten | 1 Zwiebel | 1 Knoblauchzehe | 250 g Mozzarella | 4 TL Olivenöl | Salz | Pfeffer | 3 EL gehackte Petersilie | 100 g Schafkäse | Butter für die Form

Für 4 Personen
30 Min. Zubereitung | ca. 35 Min. Backen
Pro Portion ca. 295 kcal, 20 g EW, 21 g F, 7 g KH

1 Ofen auf 190° vorheizen. Die Form einfetten. Auberginen und Tomaten waschen, putzen und in Scheiben schneiden. Zwiebel und Knoblauch schälen, beides hacken. Mozzarella in Scheiben schneiden. Die Grillpfanne pro Portion mit 1 TL Öl einfetten und erhitzen. Auberginen und Tomaten darin je Seite 1 Min. grillen, salzen, pfeffern.

2 Auberginen, Zwiebel, Knoblauch, Tomaten, Mozzarella und Petersilie lagenweise in die Form schichten. Schafkäse zerbröckeln, obendrauf geben. Im Ofen (Mitte, Umluft 170°) 35 Min. backen.

würzig | schnell zubereitet

Süßkartoffel-Auflauf

1 kg Süßkartoffeln | 1 kleine Stange Lauch | 1 Zucchino | 200 g Cheddar | 2 TL edelsüßes Paprikapulver | 1 TL Kurkumapulver | Salz | Pfeffer | ¼ l Gemüsebrühe | Öl für die Form

Für 4 Personen
20 Min. Zubereitung | ca. 30 Min. Backen
Pro Person ca. 430 kcal, 16 g EW, 18 g F, 51 g KH

1 Süßkartoffeln waschen, schälen und ca. 2 cm groß würfeln. Lauch putzen, gründlich waschen und in ca. 1 cm breite Ringe schneiden. Zucchino waschen, putzen, längs halbieren, in Scheiben schneiden. Käse in Scheiben schneiden.

2 Ofen auf 190° vorheizen. Die Form einfetten. Süßkartoffeln, Lauch und Zucchino mischen, mit Paprika- und Kurkumapulver, Salz und Pfeffer würzen. In die Auflaufform geben, Brühe zugießen. Käse obenauf legen. Im Ofen (Mitte, Umluft 170°) ca. 30 Min. backen.

italienisch | blitzschnell

Parmigiana mit Zucchini

1 kleine Zwiebel | 1 Knoblauchzehe | 4 Tomaten | 750 g Zucchini | 250 g Mozzarella | | 100 g Parmesan | 1 Bund Basilikum| Salz | Pfeffer | 2 EL Olivenöl | ¼ l Tomaten-Kräuter-Sauce (Seite 6)

Für 4 Personen
20 Min. Zubereitung | ca. 20 Min. Backen
Pro Person ca. 330 kcal, 25 g EW, 24 g F, 5 g KH

1 Zwiebel und Knoblauch schälen, beides hacken. Tomaten und Zucchini waschen, putzen und in Scheiben schneiden. Mozzarella ebenfalls in Scheiben schneiden. Parmesan reiben. Basilikum waschen und trockenschütteln, die Blättchen in Streifen schneiden. Zucchini und Tomaten salzen, pfeffern und im Öl auf jeder Seite 1 Min. braten.

2 Ofen auf 200° vorheizen. Sauce, Gemüse, Zwiebel, Knoblauch, Basilikum und Mozzarella übereinander schichten. Mit Parmesan bestreuen. Im Ofen (Mitte, Umludt 180°) ca. 20 Min. gratinieren.

italienisches Familienrezept

Kartoffel-Pilz-Auflauf

600 g Kartoffeln | 2 Zwiebeln | 2 Knoblauchzehen | 300 g Champignons | 250 g Mozzarella | 150 g Parmesan | 1 Bund Basilikum | 4 EL gehackte Petersilie | Salz | Pfeffer | ⅛ l Gemüsebrühe | 3 EL Semmelbrösel | Öl für die Form

Für 4 Personen
15 Min. Zubereitung | ca. 45 Min. Backen
Pro Person ca. 430 kcal, 33 g EW, 20 g F, 27 g KH

1 Kartoffeln waschen, schälen, in dünne Scheiben hobeln. Zwiebeln und Knoblauch schälen, beides hacken. Pilze putzen. Mit Mozzarella in Scheiben schneiden. Parmesan reiben. Basilikum waschen, trockenschütteln, Blättchen in Streifen schneiden.

2 Ofen auf 180° vorheizen. Die Form einfetten. Kartoffeln, Zwiebeln, Knoblauch, Pilze, beide Käsesorten und Kräuter in Lagen einschichten, bis alles verbraucht ist. Jede Lage salzen, pfeffern. Mit Brühe begießen, mit Semmelbröseln bestreuen. Im Ofen (Mitte, Umluft 160°) ca. 45 Min. backen.

lässt sich gut vorbereiten

Gemüse-Pie

Hier haben wir uns von einem deftigen Gericht aus der britischen Küche inspirieren lassen: Shepherd's Pie – ein Auflauf mit Fleisch und Kartoffelpüree.

800 g mehlig kochende Kartoffeln
Salz
100 g rote Linsen
100 g Zwiebeln
200 g Möhren
1 Aubergine
200 g Staudensellerie
1 Bund Petersilie
2 EL Sonnenblumenöl
Pfeffer
1 Prise gemahlener Kreuzkümmel
100 g Schmand
Öl für die Form

Für 4 Personen
25 Min. Zubereitung | ca. 20 Min. Backen
Pro Portion 230 kcal, 9 g EW, 13 g F, 20 g KH

1 Kartoffeln waschen, schälen und in Salzwasser in ca. 20 Min. garen. Kartoffeln abgießen und ausdampfen lassen. In einem Topf 300 ml Wasser bei mittlerer Hitze aufkochen lassen, die Linsen dazugeben, salzen und zugedeckt ca. 5 Min. köcheln lassen. Dann beiseite stellen, ca. 10 Min. quellen lassen und in ein Sieb abschütten.

2 Zwiebeln schälen und klein würfeln. Möhren putzen, schälen und ebenfalls in kleine Würfel schneiden. Aubergine waschen, putzen und in ca. 1½ cm große Würfel schneiden. Staudensellerie waschen, putzen und in ca. 1 cm dicke Scheibchen schneiden. Die Petersilie waschen und trockenschütteln, die Blättchen klein schneiden. Ofen auf 190° (Umluft 170°) vorheizen. Die Form einfetten.

3 In einem Topf das Öl bei mittlerer Hitze heiß werden lassen, die Zwiebeln darin glasig dünsten. Möhren und Aubergine dazugeben und ca. 2 Min. mit anbraten. Staudensellerie untermischen und knapp mit Wasser bedecken. Salzen, pfeffern und alles ca. 4 Min. köcheln lassen. Den Topf vom Herd ziehen. Die Linsen und zwei Drittel von der Petersilie unterheben, mit Kreuzkümmel, Salz und Pfeffer kräftig würzen.

4 Die Kartoffeln im Topf mit dem Kartoffelstampfer glatt zerstampfen (Bild 1). Den Schmand unterrühren, das Püree leicht salzen.

5 Gemüse in die Form geben und glatt streichen. Kartoffelpüree über dem Gemüse verteilen, glatt streichen (Bild 2) und mit einem Messer ein Wellenmuster ziehen. Im Ofen (Mitte) in ca. 20 Min. goldbraun backen. Mit übriger Petersilie bestreuen.

UND DAZU?

Feldsalat oder Rucolasalat

VARIANTEN – MIT FLEISCH UND WURST

300 g Roastbeef oder Rumpsteak sehr klein würfeln. 1 Zwiebel schälen und hacken. 1 El Öl erhitzen, Zwiebel und Fleisch darin ca. 5 Min. anbraten. Das Fleisch salzen, pfeffern und unter das Gemüse mischen. Oder pro Person 1 Debrezinerwurst klein schneiden und mit dem Gemüse in die Form geben.

1

2

3

herzhaft | gelingt leicht

Rosenkohlgratin

Bodenständig und herzhaft – genau das Richtige für kalte Wintertage.

600 g Rosenkohl (frisch oder TK)
1 Zwiebel
40 g Walnusskerne
100 g Gouda
Salz
400 g Spätzle (aus dem Kühlregal)

Für den Guss

1 Zweig Thymian
400 ml Milch | 4 Eier
1 Prise Muskatnuss, frisch gerieben
Salz | Pfeffer
Butter für die Form

Für 4 Personen
20 Min. Zubereitung | ca. 40 Min. Backen
Pro Portion 690 kcal, 38 g EW, 25 g F, 82 g KH

1 Ofen auf 190° vorheizen. Form mit Butter einfetten. Rosenkohl waschen, putzen und halbieren (TK-Rosenkohl unaufgetaut und ganz verwenden). Die Zwiebel schälen, klein würfeln. Walnusskerne hacken. Käse reiben. ⅛ l Salzwasser aufkochen lassen. Rosenkohl darin zugedeckt 2 Min. köcheln lassen. In einem Sieb abtropfen und abkühlen lassen. Mit Zwiebel, Nüssen, 50 g Käse und Spätzle mischen. Die Mischung in die Form füllen.

2 Für den Guss den Thymian waschen und trockenschütteln, die Blättchen abzupfen. Mit Milch, Eiern, Muskat, Salz und Pfeffer verrühren. Über den Auflauf gießen, mit übrigem Käse bestreuen. Im Ofen (Mitte, Umluft 170°) ca. 40 Min. überbacken.

französisch | vegetarisch

Gemüse-Flan

Der feine Flan schmeckt lecker als Vorspeise oder zu Kurzgebratenem.

3 Frühlingszwiebeln
600 g Spitzkohl (oder Weißkohl)
300 g Zucchini | 200 g Möhren
2 EL Olivenöl
Salz | Pfeffer
3 Eier | 400 ml Milch
2 Prisen Muskatnuss, frisch gerieben
80 g Edamer
Butter und Mehl für eine runde Form

Für 4 Personen
20 Min. Zubereitung | ca. 40 Min. Backen
Pro Person ca. 290 kcal, 17 g EW, 19 g F, 13 g KH

1 Frühlingszwiebeln putzen, waschen und in Ringe schneiden. Kohl und Zucchini waschen und putzen. Den Kohl achteln und in Streifen schneiden. Zucchini in Scheiben schneiden. Möhren putzen, schälen und grob raspeln. 1 EL Öl erhitzen, den Kohl darin 3 Min. andünsten, salzen und pfeffern. Das übrige Öl in einer Pfanne erhitzen, die Zucchini darin ca. 2 Min. dünsten. Salzen, pfeffern und abkühlen lassen. Die Eier trennen. Die Eigelbe mit Milch, Muskat, Salz und Pfeffer verrühren. Die Eiweiße steif schlagen. Den Käse reiben.

2 Backofen auf 190° vorheizen. Die Form einfetten, mit Mehl ausstreuen. Boden und Rand mit Zucchini auslegen. Kohl, Möhren und Frühlingszwiebeln einfüllen. Eischnee unter die Eiermilch ziehen und den Guss obenauf geben. Mit Käse bestreuen. Im Ofen (Mitte, Umluft 170°) ca. 40 Min. backen.

oben: Gemüse-Flan | unten: Rosenkohlgratin

vegetarisch | kräuterwürzig

Mangold-Nudel-Auflauf

Ein besonderes Essvergnügen mit den kleinen, reisförmigen griechischen Nudeln, die es mittlerweile auch im Supermarkt gibt.

200 g griechische Kritharakinudeln (ersatzweise Makkaroni in kleinen Stücken)
Salz
500 g Mangold
1 Knoblauchzehe
1 l Gemüsebrühe
250 g gemischtes Gemüse in Streifen (z. B. Möhren, Lauch, Sellerie aus dem Kühlregal)
150 g Tofu

Für den Guss

½ l Sojamilch
3 Eier
1 Päckchen TK-8-Kräutermischung
Salz | Pfeffer

Für 4 Personen
30 Min. Zubereitung | ca. 35 Min. Backen
Pro Portion ca. 435 kcal, 21 g EW, 13 g F, 54 g KH

1 Nudeln in Salzwasser in ca. 10 Min. bissfest garen, abgießen und kalt abschrecken. Mangold waschen, putzen, die Stiele abschneiden und in ca. 2 cm große Rauten schneiden. Die Mangoldblätter längs halbieren und in Streifen schneiden. Knoblauch schälen und hacken.

2 In einem Topf die Brühe aufkochen lassen. Die Mangoldstiele zugeben und ca. 3 Min blanchieren, herausnehmen, kalt abschrecken und abtropfen lassen. Gemüsestreifen in der Brühe ca. 1 Min. blanchieren, herausnehmen, kalt abschrecken und in einem Sieb abtropfen lassen. Tofu klein würfeln.

3 Den Backofen auf 190° vorheizen. Für den Guss die Sojamilch mit Eiern und Kräutern verquirlen, mit Salz und Pfeffer würzen.

4 Nudeln mit Gemüsestreifen, Knoblauch, Kräutern, Tofu, Mangoldstielen und -streifen in einer Schüssel vermengen, salzen und pfeffern. Die Mischung in der Form verteilen. Mit der Eier-Sojamilch übergießen. Den Auflauf im Backofen (Mitte, Umluft 170°) ca. 35 Min. backen.

VARIANTE – MIT LAMMWÜRSTCHEN

Anstelle von Tofu pro Person 1 Lammwürstchen nehmen und in Scheiben schneiden. Die Würstchen gibt es im orientalischen Lebensmittelhandel.

VARIANTE – MIT SPINAT

Verwenden Sie frischen Spinat , wenn Sie keinen Mangold bekommen. Den Spinat dann nicht blanchieren, sondern in einer heißen Pfanne in wenig Öl kurz andünsten und zusammenfallen lassen.

VARIANTE – MIT OLIVENMUS UND PESTO

Anstelle der Kräuter 50 g Olivenmus (Tapenade) aus dem Glas und 5 EL Tomaten-Pesto aus dem Glas mit der Eier-Sojamilch vermischen und über den Auflauf gießen.

gelingt leicht | für Gäste

Brotauflauf mit Käse

8 Scheiben Vollkorntoast
300 g Austernpilze
1 Knoblauchzehe
3 Frühlingszwiebeln
1 EL Butter
2 EL Weißweinessig
Salz | Pfeffer
200 g alter Gouda
400 ml Milch | 4 Eier
½ TL grobkörniger Senf
Butter für eine flache Form

Für 4 Portionen
20 Min. Zubereitung | ca. 45 Min. Backen
Pro Portion ca. 495 kcal, 31 g EW, 26 g F, 33 g KH

1 Ofen auf 180° vorheizen. Form einfetten. Toast entrinden, in ca. 3 cm große Quadrate schneiden. Die Form mit einigen Brotquadraten auslegen.

2 Austernpilze abreiben, putzen und in Streifen schneiden. Knoblauch schälen. Frühlingszwiebeln putzen, waschen, in dünne Ringe schneiden. Butter erhitzen, Austernpilze darin ca. 3 Min. anbraten, Knoblauch dazupressen. Essig unterrühren und verkochen lassen. Mit Salz und Pfeffer würzen.

3 Käse reiben. Pilze und Frühlingszwiebeln, Brot und Käse lagenweise in die Form geben. Für den Guss Milch, Eier und Senf verrühren. Mit Salz und Pfeffer würzen. Eiermilch darüber gießen. Im Ofen (Mitte, Umluft 160°) ca. 45 Min. backen.

VARIANTE – MIT MÜNSTER-KÄSE

Anstelle von Gouda Münster-Käse nehmen.

macht was her

Kürbisauflauf mit Bulgur

250 g Bulgur
600 g Kürbis
2 Zwiebeln
80 g Cashewnusskerne
1 EL Olivenöl
200 g Gemüsestreifen (aus dem Kühlregal)
Salz | Pfeffer
200 g Ziegenquark (ersatzweise Ricotta)
3 Eier
3 EL Garam Masala
1 EL Kurkumapulver
Öl für die Form

Für 4 Personen | 40 Min. Zubereitung
30 Min. Quellen | ca. 35 Min. Backen
Pro Person ca. 560 kcal, 24 g EW, 25 g F, 63 g KH

1 Bulgur mit 600 ml lauwarmem Wasser bedecken und ca. 30 Min. quellen lassen. Kürbis schälen und in ca. 1½ cm große Würfel schneiden. Zwiebeln schälen und ebenfalls klein würfeln. Cashewnusskerne hacken. Den Ofen auf 180° vorheizen. Die Form mit Öl einpinseln. Olivenöl erhitzen. Die Zwiebeln darin glasig dünsten. Gemüsestreifen zugeben und ca. 2 Min. mitbraten, salzen, pfeffern und abkühlen lassen.

2 Ziegenquark und Eier verrühren. Bulgur, Kürbis, Garam Masala, Kurkuma, Cashewnusskerne, Salz und Pfeffer untermischen.

3 Die Hälfte der Mischung in die Form füllen. Die Gemüsestreifen darauf verteilen. Die übrige Bulgurmischung darauf geben und glatt streichen. Im Backofen (Mitte, Umluft 170°) ca. 35 Min. backen. Mit Blattsalat servieren.

oben: Kürbisauflauf mit Bulgur | unten: Brotauflauf mit Käse

kräftig | würzig

Blumenkohl-Gorgonzola-Auflauf

Unbedingt probieren! Der sanfte Blumenkohl und der kräftige Gorgonzola sind ein interessantes Duo. Ihr Gaumen wird Augen machen!

½ l Béchamelsauce (Rezept Seite 7) | 600 g Blumenkohl | Salz | 4 Tomaten | 3 Frühlingszwiebeln | 1 EL Rapsöl | Pfeffer | 150 g Gorgonzola | 1 Knoblauchzehe | 3 Eier | Butter für die Form

Für 4 Personen
20 Min. Zubereitung | ca. 20 Min. Backen
Pro Person ca. 420 kcal, 20 g EW, 31 g F, 17 g KH

1 Die Béchamelsauce zubereiten. Den Blumenkohl waschen, putzen und in Röschen teilen. Den Strunk schälen und in ca. ½ cm dicke Scheiben schneiden. Salzwasser aufkochen lassen. Röschen und Scheiben darin ca. 2 Min. blanchieren, herausnehmen und kalt abschrecken.

2 Die Tomaten waschen, vierteln und ohne die Stielansätze in ca. 1 cm große Würfel schneiden. Die Frühlingszwiebeln putzen, waschen und schräg in ca. 1 cm lange Stücke schneiden. Öl erhitzen, Tomaten und Frühlingszwiebeln darin bei schwacher Hitze 5 Min. braten, salzen und pfeffern.

3 Den Backofen auf 190° vorheizen. Die Form mit Butter einfetten. Den Gorgonzola in die Béchamelsauce bröckeln und unter Rühren schmelzen, dann abkühlen lassen. Knoblauch schälen und dazupressen. Die Eier unterrühren.

4 Blumenkohl, Tomaten und Frühlingszwiebeln in die Form füllen, salzen und pfeffern. Die Sauce über das Gemüse gießen. Im Ofen (Mitte, Umluft 170°) ca. 20 Min. backen. Dazu passt Risotto.

VARIANTE – MIT KARTOFFELN

Ersetzen Sie den Blumenkohl nach Belieben durch Kartoffelscheiben, diese vor dem Mischen 5 Min. vorgaren.

gelingt leicht

Wirsingauflauf

600 g Kartoffeln | Salz | 1 Zwiebel | 2 Knoblauchzehen | 500 g Wirsing | 2 EL Olivenöl | 2 Prisen Muskatnuss, frisch gerieben | Pfeffer | 200 g Crème fraîche | 2 Eier | 3 EL gehackte Petersilie | 60 g Semmelbrösel | Butter für die Form

Für 4 Personen
30 Min. Zubereitung | ca. 35 Min. Backen
Pro Person ca. 460 kcal, 12 g EW, 31 g F, 38 g KH

1 Kartoffeln waschen, mit Schale in Salzwasser in 20 Min. garen. Form einfetten. Kartoffeln pellen, in Scheiben schneiden, in die Form schichten. Ofen auf 190° vorheizen. Zwiebel und Knoblauch schälen, beides hacken. Wirsing putzen, waschen, vierteln, vom Strunk befreien, in Streifen schneiden.

2 Öl erhitzen, Zwiebel und Knoblauch darin dünsten. Wirsing 4 Min. mitdünsten. Mit Muskat, Salz, Pfeffer würzen, beiseite stellen. Crème fraîche und Eier verquirlen, unter den Wirsing rühren. Auf die Kartoffeln geben. Mit Petersilie, Bröseln bestreuen. Im Ofen (Mitte, Umluft 170°) ca. 35 Min. backen.

für Gäste | fein als Vorspeise

Gemüse à la crème

½ l Käse-Sahne-Sauce (Variante Seite 7) | 250 g Knollensellerie | 250 g Lauch | 250 g Fenchel | 6 EL Gemüsebrühe | 1 EL frische Thymianblättchen | 2 EL gehackte Petersilie | Salz | Pfeffer | 2 Eier | Butter für die Form

Für 4 Personen
30 Min. Zubereitung | ca. 20 Min. Backen
Pro Person ca. 215 kcal, 8 g EW, 15 g F, 12 g KH

1 Sauce zubereiten. Sellerie schälen, sehr klein würfeln. Lauch putzen, halbieren, waschen, in dünne Streifen schneiden. Fenchel waschen putzen, halbieren, ohne Strunk ca. 1 cm groß schneiden.

2 Ofen auf 190° (Umluft 170°) vorheizen. Form einfetten. Brühe aufkochen lassen. Sellerie darin ca. 1 Min. dünsten. Lauch und Fenchel zugeben, alles in 5 Min. garen. Thymian und Petersilie unterrühren, salzen, pfeffern. Gemüse in die Form geben. Sauce mit Eiern verquirlen, darüber gießen. Im Ofen (Mitte) ca. 20 Min. backen. Dazu passen Pellkartoffeln und trockener Weißwein.

geht ganz leicht | mediterran

Paprika-Reis-Auflauf

Sehr fein: der Reis gart unter einer würzigen Decke aus Schafkäse und Oliven.

200 g Reis
je 1 rote und grüne Paprikaschote
2 große Tomaten
1 Bund Basilikum | 2 Zwiebeln
10 getrocknete Tomaten | Salz | Pfeffer
2 Eier | 1/4 l Milch
2 TL Olivenöl | 2 Eiweiße
200 g Schafkäse
80 g grüne Oliven (ohne Stein)
Butter für die Form

Für 4 Personen
35 Min. Zubereitung | ca. 40 Min. Backen
Pro Portion ca. 490 kcal, 23 g F, 21 g EW, 54 g KH

1 Reis in 15 Min. garen, dann in ein Sieb abgießen. Ofen auf 190° vorheizen. Form einfetten. Paprikaschoten waschen, halbieren, putzen, ca. 1 cm groß würfeln. Tomaten waschen, ebenfalls würfeln. Basilikum waschen und trockenschütteln, Blättchen in Streifen schneiden. Zwiebeln schälen und hacken.

2 Getrocknete Tomaten in Streifen schneiden und mit dem Reis mischen, salzen und pfeffern. In die Form geben. Die ganzen Eier mit der Milch verquirlen, salzen, pfeffern. Eiermilch darüber gießen. Im Ofen (Mitte, Umluft 170°) 10 Min. backen.

3 Öl erhitzen, Zwiebeln, Paprika und Tomaten darin 4 Min. dünsten. Eiweiße steif schlagen. Schafkäse und Oliven pürieren. Mit Basilikum, Salz und Pfeffer würzen. Gemüse unterrühren. Eischnee unterziehen. Auf den Reis geben, 30 Min. backen.

schnell | gut vorzubereiten

Gratinierte Polenta

Schlicht im Zutatenmix, fix in der Zubereitung und umwerfend im Geschmack.

1/2 l Gemüsebrühe
150 g Maisgrieß (Polenta)
1 Bund Schnittlauch
Salz | Pfeffer
80 g Fontina in Scheiben
20 g Parmesan, frisch gerieben
50 ml Milch
Butter für die Form

Für 4 Personen
20 Min. Zubereitung | ca. 15 Min. Backen
Pro Portion ca. 270 kcal, 11 g F, 11 g EW, 31 g KH

1 Brühe aufkochen lassen. Maisgrieß mit einem Schneebesen einrühren, aufkochen und unter Rühren bei schwacher Hitze 6 Min. köcheln lassen. Schnittlauch waschen, trockenschütteln, in Röllchen schneiden, unter die Polenta rühren. Polenta salzen und pfeffern, ca. 1 cm dick auf eine Platte geben, glatt streichen und erkalten lassen.

2 Ofen auf 200° (Umluft 180°) vorheizen. Eine breite Form einfetten. Polenta in ca. 1 cm dicke Scheiben schneiden, in die Form legen. Käsescheiben darauf legen, Parmesan darüber streuen, mit Milch umgießen. Im Ofen (Mitte) 15 Min. backen.

TAUSCHTIPPS

Anstelle von Fontina Edamer, Taleggio oder Greyerzer verwenden. Oder die Polentascheiben mit Tomaten, Basilikum und Mozzarella belegen.

oben: Gratinierte Polenta | unten: Paprika-Reis-Auflauf

Käsesoufflé

Zart und ein kleines bisschen empfindlich gibt sich dieser Klassiker. Mit den anschaulichen Fotos lässt er sich aber problemlos zubereiten.

Für die Béchamelsauce
50 g Butter
50 g Mehl (Type 550)
¼ l Milch
Außerdem
4 frische Eier
125 g Emmentaler
1 Prise edelsüßes Paprikapulver
2 Prisen Muskatnuss, frisch gerieben
Salz | Pfeffer
2½ TL Speisestärke
Butter und Mehl für die Souffléform

Für 4 Personen
30 Min. Zubereitung | ca. 40 Min. Backen
Pro Person ca. 390 kcal, 19 g EW, 29 g F, 13 g KH

1 Die Form einfetten und mit Mehl ausstreuen (Bild 1). Butter in einem Topf schmelzen lassen. Das Mehl dazugeben und unter Rühren in 3 Min. goldgelb anschwitzen. Nach und nach die Milch zugießen und mit dem Schneebesen unterrühren, bis die Sauce glatt ist. Mit dem Pürierstab aufschlagen.

2 Die Sauce aufkochen und bei schwacher Hitze 5 Min. köcheln lassen. Dabei mit einem Kochlöffel ständig rühren, damit nichts am Boden ansetzt. Vom Herd ziehen und etwas abkühlen lassen.

3 Die Eier trennen. Den Käse reiben. Nach und nach die Eigelbe mit dem Schneebesen unter die Sauce rühren, bis eine glatte Masse entsteht. Den Käse untermischen, alles mit Paprikapulver, Muskat, Salz und Pfeffer kräftig würzen.

4 Den Backofen auf 200° vorheizen. Die Eiweiße mit 1 Prise Salz in eine Schüssel geben und mit dem Handrührgerät steif schlagen und dabei die Speisestärke unterschlagen.

5 Den Eischnee nach und nach mit einem Kochlöffel vorsichtig unter die Soufflémasse heben (Bild 2). Die Masse bis ½ cm unter den Rand in die Form einfüllen. Ein Wasserbad vorbereiten. Dafür die Fettpanne aus dem Backofen mit Wasser füllen.

6 Die Form in das Wasserbad stellen und das Soufflé im Backofen bei 200° (2. Schiene von unten, Umluft 170°) ca. 20 Min. backen. Die Temperatur auf 190° (Umluft 170°) herunterschalten, das Soufflé in weiteren 20 Min. fertig backen, dabei die Ofentüre geschlossen lassen. Sofort und ohne Zugluft servieren, damit das Soufflé nicht zusammenfällt.

GETRÄNKETIPP
trockener Weißwein

VARIANTEN
Statt Emmentaler Greyerzer oder Roquefort und 1 Williams-Birne in Würfeln in die Soufflémasse geben.

TIPP – KLEIN & FEIN
Sie können die Soufflémasse auch in 4 Portionsförmchen oder feuerfeste Tassen füllen. Die Backzeit verkürzt sich dann auf 25–30 Min.

1

2

3

Veggi-Food vom Feinsten

Penne-Spargel-Gratin

250 g Penne-Nudeln | Salz
400 g weißer Spargel
400 g grüner Spargel
3 Frühlingszwiebeln
2 EL Bärlauchpesto (Glas)
100 ml Sojacreme (Supermarkt)
1 Knoblauchzehe
150 g Parmesan
1 TL Olivenöl
Pfeffer
Butter für die Form

Für 4 Personen
30 Min. Zubereitung | ca. 25 Min. Backen
Pro Portion ca. 655 kcal, 29 g EW, 36 g F, 53 g KH

1 Die Penne in kochendem Salzwasser in ca. 10 Min. bissfest kochen, dann in ein Sieb abgießen. Den weißen Spargel schälen, das untere Ende abschneiden. Den grünen Spargel waschen und putzen. Die Spargelstangen schräg in ca. 3 cm lange Stücke schneiden. Frühlingszwiebeln putzen, waschen und in Ringe schneiden. Salzwasser aufkochen lassen, Spargel zugeben und zugedeckt ca. 2 Min. dünsten, dann herausnehmen. Bärlauchpesto mit der Sojacreme verrühren.

2 Backofen auf 190° vorheizen. Die Form mit Butter einfetten. Knoblauch schälen. Den Käse reiben. Öl erhitzen, Frühlingszwiebeln darin andünsten, den Knoblauch dazupressen. Penne, Spargel, Sojacreme und 80 g Käse zugeben und untermischen, salzen und pfeffern. Die Mischung in die Form füllen und mit dem übrigen Käse bestreuen. Im Ofen (Mitte, Umluft 170°) ca. 25 Min. überbacken.

herzhaft | preiswert

Käsespätzle-Gratin

1 rote Zwiebel
250 g Äpfel (z. B. Boskop)
200 g Lauch
80 g Butter
800 g Spätzle (aus dem Kühlregal)
Salz | Pfeffer
3 EL gehackte Petersilie
150 g Bergkäse (oder Greyerzer)
Butter für die Form

Für 6 Personen
20 Min. Zubereitung | ca. 20 Min. Backen
Pro Person 690 kcal, 25 g EW, 23 g F, 97 g KH

1 Die Form mit Butter einfetten. Den Backofen auf 180° vorheizen. Zwiebel schälen, halbieren und in Streifen schneiden. Äpfel schälen, vierteln, entkernen und in Scheibchen schneiden. Lauch putzen, längs halbieren, gründlich waschen und in dünne Streifen schneiden.

2 1 EL Butter in einer Pfanne erhitzen, Spätzle zugeben und 3 Min. anbraten. In einer zweiten Pfanne übrige Butter erhitzen, die Zwiebel darin glasig dünsten. Lauchstreifen zugeben und ca. 3 Min. mitbraten. Äpfel untermischen und alles ca. 6 Min. braten. Mit Salz und Pfeffer würzen. Petersilie unterrühren.

3 Das Gemüse mit den Spätzle in einer Schüssel mischen. Die Mischung in die Form füllen. Den Käse reiben und darüber streuen. Im Ofen (Mitte, Umluft 170°) ca. 20 Min. backen.

links: Penne-Spargel-Gratin | rechts: Käsespätzle-Gratin

Klassiker | gästetauglich

Überbackene Cannelloni

800 ml Tomaten-Kräuter-Sauce (Rezept Seite 6)
300 g reife Tomaten
60 g Pinienkerne
3 Knoblauchzehen
800 g Blattpinat (frisch oder TK)
1 TL Olivenöl
150 g Mascarpone
Salz | Pfeffer
70 g Parmesan
16 Hartweizen-Cannelloni
1 TL getrockneter Majoran

Für 4 Personen
30 Min. Zubereitung | ca. 40 Min. Backen
Pro Person ca. 660 kcal, 22 g EW, 36 g F, 57 g KH

1 Die Tomaten-Kräuter-Sauce zubereiten. Tomaten waschen und ohne Stielansätze klein würfeln. Pinienkerne in einer Pfanne ohne Fett goldbraun rösten. Knoblauch schälen. Spinat waschen, von den groben Stielen befreien und grob klein schneiden (TK-Spinat auftauen lassen). Olivenöl erhitzen, Spinat zugeben und ca. 4 Min. dünsten, abkühlen lassen und ausdrücken. Mit Pinienkernen und Mascarpone vermengen. Den Knoblauch dazupressen, salzen und pfeffern.

2 Backofen auf 190° vorheizen. Parmesan reiben. Den Boden einer Form mit etwas Tomaten-Kräuter-Sauce bedecken. Cannelloni mit der Spinat-Mascarpone-Masse füllen und in die Sauce legen. Tomatenwürfel, restliche Sauce und Majoran auf den Cannelloni verteilen. Den Parmesan darüber streuen. Im Ofen (Mitte, Umluft 170°) ca. 40 Min. backen.

herzhaft | macht was her

Farfalle-Ricotta-Auflauf

300 g Farfalle (Schmetterlingsnudeln)
Salz | 3 Eier
200 g Ricotta
200 g saure Sahne
Pfeffer
1 Knoblauchzehe
40 g getrocknete Tomaten
80 g Rucola
200 g Brokkoli
2 EL Mandelstifte
Butter für die Form

Für 4 Personen
30 Min. Zubereitung | ca. 25 Min. Backen
Pro Portion ca. 565 kcal, 25 g EW, 21 g F, 66 g KH

1 Farfalle in Salzwasser in ca. 10 Min. bissfest kochen, dann abgießen und abtropfen lassen. Ofen auf 190° vorheizen. Form einfetten. Eier trennen. Eiweiße steif schlagen und kalt stellen. Eigelbe mit Ricotta und saurer Sahne glatt rühren. Salzen und pfeffern. Knoblauch schälen und dazupressen.

2 Tomaten in Streifen schneiden. Rucola waschen, von den groben Stielen befreien, grob klein schneiden. Brokkoli waschen, putzen, in Röschen teilen. Röschen und Stiel in dünne Scheiben schneiden. Salzwasser aufkochen lassen. Brokkoli ca. 2 Min. blanchieren, herausnehmen, abtropfen lassen.

3 Mandelstifte in einer Pfanne ohne Fett rösten. Mit Nudeln, Tomaten, Rucola und Brokkoli unter die Ricottamasse rühren. Den Eischnee unterheben, die Masse in die Form füllen. Im Ofen (Mitte, Umluft 170°) ca. 25 Min. backen.

oben: Überbackene Cannelloni | unten: Farfalle-Ricotta-Auflauf

Mit Fisch und Fleisch

Herzhaft und würzig wird's mit Fleisch und Fisch – auch im sonnigen Süden. Moussaka, bei uns vor allem in seiner griechischen Version bekannt, ist auch in der orientalischen Mittelmeerküche sehr beliebt. Für den orientalischen Touch verwenden wir statt Béchamelsauce cremigen Joghurt. Und beim Genießen fühlen wir uns dann regelmäßig in ein lauschiges Strandrestaurant versetzt.

Orientalische Moussaka

1 kg Auberginen | Salz
4 Tomaten | 1 Zwiebel
½ Bund Petersilie
3 EL Olivenöl
300 g Lammhackfleisch
⅛ l Gemüsebrühe
¼ TL Zimtpulver
Pfeffer
150 g Joghurt (10 % Fett)
3 Eier
2 EL Mehl | 1 Msp. Backpulver
Butter für die Form

Für 4 Personen
30 Min. Zubereitung | ca. 40 Min. Backen
Pro Person ca. 350 kcal, 24 g EW, 18 g F, 11 g KH

1 Die Auberginen waschen, putzen, in Scheiben schneiden, salzen, 30 Min. ziehen lassen. Tomaten waschen, die Hälfte würfeln, den Rest in Scheiben schneiden. Zwiebel schälen, klein schneiden. Petersilie waschen, hacken. 1 EL Öl erhitzen, Zwiebel darin glasig dünsten. Hackfleisch zugeben, 10 Min. mitbraten. Tomatenwürfel, die Hälfte der Petersilie und Brühe unterrühren. Mit Zimtpulver, Salz und Pfeffer würzen. Zugedeckt 20 Min. köcheln lassen. Ofen auf 180° vorheizen.

2 Auberginen trockentupfen. Übriges Öl erhitzen. Auberginen portionsweise je Seite 1 Min. braten. Form einfetten. Abwechselnd Auberginen und Sauce einschichten. Mit Sauce enden. Tomatenscheiben obenauf legen. Im Ofen (Mitte, Umluft 160°) ca. 30 Min. backen. Joghurt, Eier, Mehl, Backpulver und übrige Petersilie mischen, salzen und pfeffern. Darüber gießen und 10 Min. backen.

gut vorzubereiten

Mediterraner Bohnenauflauf

Kräuter mit viel Aroma machen den Charakter der mediterranen Küche aus, deshalb wird hier mit würzigem Grün nicht gespart.

200 g getrocknete weiße Bohnen | Salz
1 Bund Suppengrün
1 Bündel Kräuter der Provence (z. B. je 1 Zweig Thymian und Rosmarin, 1 Lorbeerblatt)
2 Knoblauchzehen
600 g Lammfleisch (aus der Hüfte)
4 El Olivenöl
1 Dose stückige Tomaten (240 g Abtropfgewicht)
Pfeffer | 100 g gemahlene Haselnusskerne
50 g Semmelbrösel
4 EL TK-8-Kräuter-Mischung
Gemüsebrühe (nach Bedarf)

Für 4 Personen | 90 Min. Zubereitung
5–12 Std. Einweichen | ca. 50 Min. Backen
Pro Person ca. 655 kcal, 47 g EW, 33 g F, 34 g KH

1 Die Bohnen in der dreifachen Menge Wasser 5–12 Std. oder über Nacht einweichen.

2 Am nächsten Tag die Bohnen mit Salzwasser bedeckt 1 Std. köcheln lassen, dann in ein Sieb abgießen. Inzwischen das Suppengrün waschen und würfeln. Die Kräuter waschen und trockenschütteln. Knoblauch schälen und fein hacken. Das Fleisch in ca. 2 cm große Würfel schneiden.

3 2 EL Öl in einer Pfanne erhitzen, das Fleisch darin bei mittlerer Hitze rundum goldbraun anbraten, das Bratfett abgießen. Knoblauch und Suppengrün zugeben und ca. 4 Min. mitbraten. Bohnen, Kräuterbündel und Tomaten unterrühren, salzen und pfeffern und ca. 10 Min. kochen lassen.

4 Den Backofen auf 180° vorheizen. Die Bohnen-Fleisch-Mischung in die Auflaufform füllen und im Backofen (Mitte, Umluft 160°) ca. 30 Min. backen.

5 Die Nüsse, Semmelbrösel und TK-Kräuter mit dem übrigen Öl verrühren und über den Auflauf streuen. Den Auflauf weitere 20 Min. backen. Bei Bedarf die Gemüsebrühe zugießen. Das Kräuterbündel entfernen und den Auflauf servieren.

VARIANTE – MIT HUHN

Anstelle von Lamm können Sie auch 600 g Hähnchenbrust in Würfel schneiden und anbraten.

VARIANTE – MIT TOFU

Wer möchte, kann 400 g grüne Bohnen anstelle der weißen Bohnen verwenden. Dafür die grünen Bohnen in ca. 3 cm lange Stücke schneiden und in Salzwasser in ca. 10 Min. bissfest garen. Vegetarier mischen statt Fleisch 200 g Tofuwürfel vor dem Backen unter das Gemüse.

Variante – mit Schafkäse

Anstelle von Semmelbrösel, 8-Kräuter-Mischung und Nüssen vermischen Sie einfach 200 g Schafkäsewürfel mit 1 EL frisch gehacktem Rosmarin und streuen diese Mischung über den Auflauf.

norddeutscher Klassiker | für Gäste

Sauerkraut-Auflauf

2 Zwiebeln
300 g vorgegartes Kasseler
1 EL Rapsöl
3 Eier
½ l Milch
1 Prise gemahlener Kümmel
1 EL Schnittlauchröllchen
Salz | Pfeffer
500 g Sauerkraut (Dose)
500 g mehlig kochende Kartoffeln
100 g mittelalter Gouda
Butter für die Form

Für 4 Personen
15 Min. Zubereitung | ca. 45 Min. Backen
Pro Person ca. 530 kcal, 34 g EW, 32 g F, 27 g KH

1 Zwiebeln schälen und klein schneiden. Kasseler in ca. 1½ cm große Würfel schneiden. Das Öl erhitzen, die Zwiebeln darin in ca. 3 Min. glasig dünsten. Kasselerwürfel zugeben und 2 Min. mitbraten.

2 Ofen auf 190° vorheizen. Die Form mit Butter einfetten. Die Eier mit Milch, Kümmel, Schnittlauchröllchen, Salz und Pfeffer verquirlen. Sauerkraut auspressen und salzen. Kartoffeln waschen, schälen, in 2 mm dicke Scheiben schneiden, salzen und pfeffern. Jeweils die Hälfte Kartoffeln und Sauerkraut abwechselnd in die Auflaufform schichten. Kasseler als Mittelschicht darauf geben. Die übrigen Kartoffeln und den Rest Sauerkraut darauf schichten. Mit Kartoffeln enden. Den Käse reiben und darüber streuen und mit Eiermilch begießen. Im Ofen (Mitte, Umluft 170°) ca. 45 Min. backen.

würzig | norddeutsches Familiengericht

Grünkohl-Salami-Auflauf

1 kg Grünkohl (frisch oder 600 g TK-Ware)
2 Zwiebeln
320 g Kochsalami (oder Kochmettwurst)
400 g mehlig kochende Kartoffeln
300 ml Gemüsebrühe
Salz | Pfeffer
1 Prise gemahlene Nelken
1 Prise Zimtpulver
2 EL Senf
1 Prise gemahlener Kümmel
150 g Leerdamer Käse
Butter für die Form

Für 4 Personen
30 Min. Zubereitung | ca. 10 Min. Backen
Pro Person ca. 580 kcal, 33 g EW, 41 g F, 20 g KH

1 Grünkohl waschen, putzen vom Strunk befreien, halbieren und quer in Streifen schneiden (TK-Grünkohl auftauen lassen). Zwiebeln schälen und klein schneiden. Salami in Scheiben schneiden. Kartoffeln waschen, schälen und in ca. 1 cm große Würfel schneiden. In einem Topf Zwiebeln, Kartoffeln und Grünkohl mit der Brühe aufkochen, salzen, pfeffern und zugedeckt 10 Min. kochen lassen. Mit Nelken- und Zimtpulver, Senf und Kümmel würzen und weitere 10 Min. kochen lassen.

2 Den Backofen auf 190° vorheizen. Die Form mit Butter einfetten. Den Käse reiben. Gemüse samt Brühe und Wurstscheiben in die Form geben und mit Käse bestreuen. Im Backofen (Mitte, Umluft 170°) ca. 10 Min. überbacken. Dazu passen Bier und Brot.

oben: Sauerkraut-Auflauf | unten: Grünkohl-Salami-Auflauf

orientalisch | raffiniert

Couscousauflauf mit Putenbrust

Bei diesem Auflauf kommt es auf die Gewürze an. Die gibt es im Bioladen oder Orientladen als arabische Würzmischung, Baharat oder Ras-el-Harnout.

500 g TK-Gemüsemischung
400 g Couscous
600 ml Gemüsebrühe
3 EL Olivenöl
2 Frühlingszwiebeln
300 g Putenbrust
200 g Schafkäse
1 EL arabische Würzmischung (Bioladen)
2 TL Ingwerpulver
Salz | Pfeffer
300 ml Milch
2 Eier
je 1/2 Bund Petersilie und Basilikum
Olivenöl für die Form

Für 6 Personen
20 Min. Zubereitung | ca. 30 Min. Backen
Pro Person ca. 570 kcal, 32 g EW, 22 g F, 57 g KH

1 Das TK-Gemüse auftauen lassen. Couscous in einem Sieb waschen, kurz abtropfen lassen und in eine Schüssel geben. Gemüsebrühe aufkochen lassen, mit 1 EL Olivenöl über den Couscous gießen und ca. 10 Min. quellen lassen.

2 Die Frühlingszwiebeln putzen, waschen und schräg in ca. 2 cm lange Stücke schneiden. Die Putenbrust in ca. 1 1/2 cm große Stücke schneiden.

3 Backofen auf 180° vorheizen. Die Form mit Öl einpinseln. Den Schafkäse zerbröseln.

4 Das restliche Olivenöl in einer Pfanne erhitzen. Fleisch und Frühlingszwiebeln dazugeben und ca. 3 Min. rundum anbraten. Mit der arabischen Würzmischung, dem Ingwer, Salz und Pfeffer würzen.

5 Couscous und Gemüse zum Fleisch geben. Die Milch mit Eiern, Salz und Pfeffer verquirlen. Die Hälfte vom Schafkäse unterrühren. Über die Couscous-Mischung gießen und mit dem übrigen Schafkäse bestreuen. Im Backofen (Mitte, Umluft 160°) ca. 30 Min. backen.

6 Petersilie und Basilikum waschen und trockenschütteln, die Blättchen klein schneiden. Die Kräuter über den Auflauf streuen und servieren.

UND DAZU?

Warmes türkisches Fladenbrot und einen gemischten Salat

VARIANTEN

Statt Putenbrust können Sie 300 g Lammfleisch aus der Hüfte in ca. 1/2 cm große Würfel schneiden, salzen, pfeffern und anbraten.

Wer möchte, kann statt TK-Gemüsemischung 1 Kohlrabi, 1 kleine Möhre und 80 g Knollensellerie putzen, schälen und in ca. 1 cm große Würfel schneiden.

Oder Sie können auch zur Abwechslung die Eiermilch weglassen. Dafür den Schafkäse reiben, den Auflauf damit bestreuen und überbacken.

schnell | für Gäste

Chicorée-Schinken-Gratin

½ l Béchamelsauce (Rezept Seite 7)
800 g Chicorée
2 Frühlingszwiebeln
200 g gekochter Schinken in Scheiben
3 Stängel Petersilie
100 g mittelalter Gouda
Salz | Pfeffer
Butter für die Form

Für 4 Personen
20 Min. Zubereitung | ca. 25 Min. Backen
Pro Person ca. 370 kcal, 24 g EW, 22 g F, 17 g KH

1 Die Béchamelsauce zubereiten. Den Chicorée waschen, putzen, halbieren und den Strunk entfernen. Frühlingszwiebeln putzen, waschen und in feine Ringe schneiden. Schinkenscheiben halbieren und in ca. 1 cm breite Streifen schneiden. Petersilie waschen und trockenschütteln, die Blättchen hacken. Den Käse reiben. Salzwasser aufkochen lassen. Die Chicoréehälften darin ca. 8 Min. blanchieren, herausnehmen und abtropfen lassen.

2 Den Backofen auf 190° vorheizen. Die Form mit Butter einfetten. Die Chicoréehälften in die Form legen, salzen und pfeffern. Frühlingszwiebeln, die Hälfte der Petersilie und den Schinken darauf verteilen. Die Béchamelsauce darüber gießen. Mit übriger Petersilie und Käse bestreuen. Im Ofen (Mitte, Umluft 170°) ca. 25 Min. backen.

UND DAZU?

Salzkartoffeln, grüner Blattsalat und ein kühles Bier

würzig | deftig

Makkaronigratin

200 g Makkaroni | Salz
300 g grüne Bohnen
3 Frühlingszwiebeln
240 g Knoblauchwurst
½ Bund Koriandergrün
100 g Mais (Dose)
½ l Milch
3 Eier | Pfeffer
80 g Greyerzer Käse
4 Spritzer Tabasco
Butter für die Form

Für 4 Personen
20 Min. Zubereitung | ca. 45 Min. Backen
Pro Person ca. 720 kcal, 35 g EW, 41 g F, 53 g KH

1 Makkaroni in Salzwasser in ca. 10 Min. bissfest garen, dann abgießen, kalt abschrecken und abtropfen lassen. Bohnen waschen, putzen und halbieren. Frühlingszwiebeln putzen, waschen und in Ringe schneiden. Die Wurst in Scheiben schneiden. Koriander waschen und trockenschütteln, die Blättchen fein schneiden. Den Mais abtropfen lassen.

2 Milch und Eier verquirlen, salzen und pfeffern. Ofen auf 180° vorheizen. Form einfetten. Käse reiben. ⅛ l Salzwasser aufkochen lassen, Bohnen zugeben und ca. 4 Min. blanchieren. Herausnehmen, mit Nudeln, Frühlingszwiebeln, Wurst, Koriander und Mais vermischen. Mit Tabasco, Salz und Pfeffer würzen. Die Mischung in die Form füllen, mit Käse bestreuen. Im Ofen (Mitte, Umluft 160°) ca. 45 Min. backen. Dazu passen Tomatensauce (Rezept Seite 6) und französischer trockener Rotwein.

oben: Makkaronigratin | unten: Chicorée-Schinken-Gratin

Klassiker für die schnelle Sommerküche

Spanischer Gemüseauflauf mit Chorizo

Olé – die kleinen luftgetrockneten Paprikawürstchen aus dem spanischen Spezialitätengeschäft bringen peppige Würze.

500 g fest kochende Kartoffeln
2 Zwiebeln
je 1 rote und grüne Paprikaschote
400 g Zucchini
2 EL Olivenöl
1 Prise Safranpulver
Salz | Pfeffer
8 kleine Chorizo-Würstchen (ersatzweise scharf gewürzte Paprikawürstchen)
4 Eier
1 Dose stückige Tomaten (200 g Abtropfgewicht)
100 g Parmesan
Öl für die Form

Für 4 Personen
30 Min. Zubereitung | ca. 30 Min. Backen
Pro Person ca. 585 kcal, 33 g EW, 40 g F, 22 g KH

1 Kartoffeln waschen und mit Schale in ausreichend Wasser in 20 Min. garen. Abgießen, pellen und in Würfel schneiden.

2 Inzwischen Zwiebeln schälen und fein würfeln. Paprikaschoten waschen, achteln, putzen und in ca. 1 cm große Rauten oder Stücke schneiden. Zucchini waschen, putzen, vierteln und in ca. ½ cm dicke Stücke schneiden.

3 Backofen auf 190° vorheizen. Die Form mit Öl einpinseln. Das Olivenöl in einer Pfanne erhitzen. Zwiebeln, Paprikaschoten und Zucchini zugeben und ca. 3 Min. anbraten. Mit Safran, Salz und Pfeffer würzen. In einer Schüssel abkühlen lassen.

4 In dieselbe Pfanne die Chorizo geben, 1 Min. anbraten, Kartoffelwürfel dazugeben und in ca. 3 Min. goldbraun braten. Beides unter das Gemüse in der Schüssel mischen. Die Eier verquirlen, mit Salz und Pfeffer würzen. Eier und Tomaten unter die Gemüsemischung rühren, salzen und pfeffern. Die Mischung in die Form füllen. Den Käse reiben und darüber streuen. Im Backofen (Mitte, Umluft 170°) ca. 30 Min. backen.

GETRÄNKETIPP

spanischer Rotwein

UND DAZU?

Salsa verde auf spanische Art: 1 Bund glatte Petersilie (ca. 150 g) waschen und trockenschütteln. Die Blättchen mit dem Pürierstab pürieren, dabei nach und nach 6 EL Olivenöl untermixen, bis ein Paste entsteht. Mit Salz und Pfeffer würzen. Hält sich im Kühlschrank mit Öl bedeckt und fest verschlossen einige Monate.

Auf italienische Art: 1 Bund Basilikum und 1 Knoblauchzehe mit in den Mixer geben und alles pürieren. 2 EL Kapern untermischen. Zum Servieren mit Zitronensaft oder Essig abschmecken.

Salsa verde können Sie separat als Sauce zum Auflauf servieren oder einige Tupfer auf den Auflauf geben. Sie können sie auch als Dressing für Salat verwenden oder auf geröstetes Brot streichen und als Beilage servieren.

beliebtes Familiengericht | gut vorzubereiten

Makkaroniauflauf Pastitsio

Griechenland-Fans wissen es längst:
Dieser Klassiker ist mediterranes Nudelvergnügen der besonderen Art.

200 g Makkaroni
Salz

Für die Hackfleischsauce

1 Zwiebel
1 EL Butter
300 mageres Rinderhackfleisch
200 ml passierte Tomaten (Tetrapack)
Salz | Pfeffer
¼ TL Zimtpulver
⅛ l Gemüsebrühe (oder Rotwein)

Für die leichte Béchamelsauce

2 EL Butter
3 EL Mehl
½ l Milch
Salz | Pfeffer
1 Prise Muskatnuss, frisch gerieben

Außerdem

60 g Greyerzer Käse
2 Eier
Butter für die Form

Für 4 Personen
45 Min. Zubereitung | ca. 35 Min. Backen
Pro Portion ca. 455 kcal, 30 g EW, 31 g F, 14 g KH

1 Die Makkaroni in reichlich kochendem Salzwasser in 10 Min. bissfest garen. Abgießen, kalt abschrecken und abtropfen lassen.

2 Für die Hackfleischsauce die Zwiebel schälen und klein schneiden. Die Butter in einer Pfanne schmelzen lassen, die Zwiebel darin glasig dünsten. Hackfleisch zugeben und kräftig anbraten. Passierte Tomaten, Salz, Pfeffer, Zimtpulver und Brühe unterrühren. Alles offen bei schwacher Hitze ca. 15 Min. köcheln lassen. Vom Herd ziehen.

3 Den Backofen auf 200° vorheizen. Die Form mit Butter einfetten. Für die Béchamelsauce Butter in einem Topf schmelzen lassen, Mehl zugeben und unter Rühren goldgelb anschwitzen. Die Milch langsam einrühren, damit keine Klümpchen entstehen. Alles ca. 5 Min. köcheln lassen, dabei öfter umrühren. Mit Salz, Pfeffer und Muskat würzen. Den Topf vom Herd ziehen.

4 Die Hälfte der Makkaroni in die Form füllen. Den Käse reiben, die Hälfte darüber streuen. 1 Ei verquirlen und unter die Hackfleischsauce rühren, die Sauce auf die Nudeln geben. Die übrigen Nudeln darauf geben.

5 Das übrige Ei verquirlen und mit dem übrigen Käse unter die Béchamelsauce rühren. Über den Auflauf gießen und glatt streichen. Im Backofen (Mitte, Umluft 180°) 30–35 Min. backen. Den Auflauf in Quadrate schneiden und servieren.

UND DAZU?

Letscho: Dafür 1 gehackte Zwiebel in 1 EL Öl glasig dünsten. 1 gehackte Knoblauchzehe und 2 TL edelsüßes Paprikapulver einrühren. 500 g rote, grüne und gelbe Paprikastreifen und 400 g gewürfelte Tomaten dazugeben und ca. 5 Min. mitgaren. Salzen und pfeffern.

sommerlich | kalifornisches Rezept

Pastitsio mit Ricotta

2 Auberginen | 2 Zucchini | 250 g Champignons | 2 EL Olivenöl | Salz | Pfeffer | 3 EL Tomaten-Pesto (Glas) | 400 ml Tomaten-Kräuter-Sauce (Rezept Seite 6) | 300 g Rigatoni | 1 Bund Basilikum | 200 g Ricotta | 1 Ei | 40 g Parmesan | 3 EL Semmelbrösel | Butter für die Form

Für 4 Personen
45 Min. Zubereitung | ca. 60 Min. Backen
Pro Portion ca. 615 kcal, 29 g EW, 21 g F, 78 g KH

1 Ofen auf 200° vorheizen. Form einfetten. Gemüse waschen und putzen. Auberginen längs halbieren, Zucchini in 2 cm dicke Scheiben schneiden. Pilze abreiben, vierteln. Gemüse mit Öl vermischen und auf ein Blech legen, salzen und pfeffern. Im Ofen (Mitte, Umluft 180°) ca. 30 Min. backen. Herausnehmen, Pilze und Zucchini mit Tomaten-Pesto vermischen.

2 Inzwischen die Tomaten-Kräuter-Sauce zubereiten. Rigatoni in Salzwasser in ca. 10 Min. bissfest garen, abgießen und abtropfen lassen. Die Form mit Butter einfetten. Basilikum waschen und trockenschütteln, die Blättchen klein schneiden. Fruchtfleisch der Aubergine aus der Schale kratzen. Mit Ricotta, Basilikum, Salz, Pfeffer und Ei verrühren. Die Auberginenschale klein schneiden, unter die Tomatensauce rühren. Käse reiben.

3 Den Boden der Form mit Tomaten-Kräuter-Sauce bedecken. Rigatoni mit der übrigen Sauce mischen, abwechselnd mit Gemüse in die Form schichten. Jeweils mit etwas Parmesan bestreuen. Ricotta-Mischung obendrauf geben, mit übrigem Parmesan und Semmelbröseln bestreuen. Im heißen Backofen (Mitte) bei 200° (Umluft 180°) ca. 30 Min. backen. Dazu passen gemischter Salat und trockener Rotwein.

macht wenig Arbeit

Fischauflauf

250 g geräuchertes Forellenfilet | 1 EL Zitronensaft | 1 Möhre | 1 Stange Staudensellerie | 2 Frühlingszwiebeln | 1 EL Butter | 250 g Bandnudeln (Kühlregal) | 100 g TK-Erbsen | Salz | Pfeffer | ¼ l Béchamelsauce (Seite 7) | ¼ l Gemüsebrühe | 40 g geriebener Parmesan | ¼ TL Safranpulver | 2 Eigelbe | 3 EL Crème légère | Butter für die Form

Für 4 Personen
45 Min. Zubereitung | ca. 25 Min. Backen
Pro Portion ca. 600 kcal, 33 g EW, 23 g F, 57 g KH

1 Forellenfilet zerkleinern, mit Zitronensaft beträufeln. Ofen auf 200° vorheizen. Form fetten. Gemüse waschen, putzen. Möhre schälen, würfeln. Sellerie klein, Frühlingszwiebeln in Ringe schneiden. Butter erhitzen, Gemüse darin ca. 3 Min. dünsten. Mit Fisch, Nudeln, Erbsen mischen, salzen und pfeffern. Sauce mit Brühe erhitzen. Käse unterrühren, beiseite stellen. Safran, Eigelbe und Crème légère verquirlen, unterrühren. Auflauf begießen. Im Ofen (Mitte, Umluft 180°) 20–25 Min. backen.

macht was her

Brokkoli-Schinken-Gratin

½ l Béchamelsauce (Rezept Seite 7) | 400 g Penne-Nudeln | Salz | 500 g Brokkoli | Pfeffer | 1 Prise Muskatnuss, frisch gerieben | 70 g mittelalter Gouda | 100 g gekochter Schinken | Butter für die Form

Für 4 Personen
40 Min. Zubereitung | ca. 30 Min. Backen
Pro Portion ca. 670 kcal, 30 g EW, 20 g F, 90 g KH

1 Béchamelsauce zubereiten. Penne in Salzwasser in ca. 10 Min. bissfest garen, abgießen und abtropfen lassen. Ofen auf 220° vorheizen. Die Form einfetten. Brokkoli waschen, putzen und in Röschen teilen. Stiele schälen und klein schneiden. Beides in Salzwasser 4 Min. garen. Herausnehmen und abtropfen lassen. ¼ l Kochwasser mit der Sauce verrühren, mit Salz, Pfeffer und Muskat würzen. Käse reiben. Schinken klein schneiden, mit Nudeln und Brokkoli unter die Sauce mischen. In die Form geben, glatt streichen, mit Käse bestreuen. Im Ofen (Mitte, Umluft 200°) ca. 30 Min. backen.

macht wenig Arbeit

Spiralnudelgratin mit Lamm

Das Nudelgericht ist nicht nur ganz einfach zuzubereiten: Mit zarten Lammfiletwürfeln, aromatischem Sommergemüse und Rosmarin schmeckt es umwerfend gut.

250 g Spiralnudeln
Salz
3 EL Olivenöl
3 Frühlingszwiebeln
2 Auberginen
500 g Lammfilet
Pfeffer
1 TL getrockneter Rosmarin
400 g stückige Tomaten (Dose)
1 Bund Basilikum
200 g Parmesan
Butter für die Form

Für 4 Personen
20 Min. Zubereitung | ca. 30 Min. Backen
Pro Person ca. 770 kcal, 61 g EW, 33 g F, 54 g KH

1 Die Nudeln in kochendem Salzwasser in 5 Min. bissfest garen. Abgießen, mit 1 EL Öl vermischen und auf einem Blech auskühlen lassen.

2 Frühlingszwiebeln putzen, waschen und in Ringe schneiden. Auberginen waschen, putzen und in ca. 1 cm große Würfel schneiden. Das Lammfilet ebenfalls ca. 1 cm groß würfeln.

3 Das übrige Öl in einer Pfanne bei mittlerer Hitze heiß werden lassen. Auberginen darin 3 Min. anbraten, salzen und pfeffern. Die Lammwürfel zugeben und ca. 1 Min. mitbraten. Mit Rosmarin würzen. Tomaten unterrühren, salzen und pfeffern.

4 Den Backofen auf 190° vorheizen. Die Auflaufform mit Butter einfetten. Basilikum waschen und trockenschütteln, die Blättchen klein schneiden. Den Käse reiben. Basilikum und die Hälfte von dem Käse mit Nudeln, Gemüse und Lamm mischen und in die Form geben. Den restlichen Käse darüber streuen. Im Backofen (Mitte, Umluft 170°) ca. 30 Min. backen.

GETRÄNKETIPP
trockener Weißwein

VARIANTE – OHNE FLEISCH
Statt Lamm können Sie 2 rote Paprikaschoten in Würfel schneiden und mit den Auberginen anbraten und 1 TL Salsa verde (Rezept Seite 40) mit den Tomatenwürfeln untermischen.

VARIANTE – MIT HÄHNCHEN
Je 1 Aubergine und Zucchino würfeln. 100 g Champignons abreiben und vierteln. Die Gemüse zusammen anbraten. Statt Lammfleisch 1 Hähnchenbrust würfeln und mit dem Gemüse braten.

TIPP – FÜR NUDELVIELFALT
Bunt gemischte Spiralnudeln in Rot, Grün und Gelb bringen Farbe in den Auflauf. Oder wie wär's zur Abwechslung mal mit Weizenkeim-Spiralnudeln?

herzhaft | Klassiker aus Norddeutschland

Kartoffel-Hering-Gratin

Hering und Gemüse fein in leichtem Kräuter-Sahne-Guss verpackt.

750 g fest kochende Kartoffeln
3 Frühlingszwiebeln
8 Heringsfilets (Matjes)
1 rote Paprikaschote (ca. 150 g)
2 TL Rapsöl
2 EL gehackter Dill
2 EL gehackte Petersilie
250 g saure Sahne
Salz | Pfeffer
100 g Greyerzer Käse

Für 4 Personen
35 Min. Zubereitung | ca. 25 Min. Backen
Pro Person ca. 750 kcal, 39 g EW, 53 g F, 28 g KH

1 Kartoffeln waschen, mit Schale in ausreichend Wasser in 20 Min. garen. Abgießen, pellen und in Scheiben schneiden. Frühlingszwiebeln waschen und putzen. Mit Heringfilets in ca. 2 cm breite Stücke schneiden. Paprikaschote, waschen, halbieren, putzen und in ca. 1 cm breite Streifen schneiden.

2 Backofen auf 190° vorheizen. Öl erhitzen, Paprikastreifen und Frühlingszwiebeln darin ca. 3 Min. dünsten, dann abkühlen lassen. Das Gemüse mit Kartoffeln, Heringsfilets, Dill, Petersilie und saurer Sahne vermengen, salzen und pfeffern. Die Mischung in die Auflaufform geben. Käse reiben und darüber streuen. Im Ofen (Mitte, Umluft 170°) ca. 25 Min. gratinieren. Dazu passt gemischter Blattsalat mit Radicchio.

gelingt leicht | für Gäste

Lachs-Spinat-Gratin

Dieses festliche Gratin zergeht auf der Zunge und ist immer wieder ein Genuss.

600 g mittelgroße fest kochende Kartoffeln
½ Bund glatte Petersilie
2 Knoblauchzehen | 2 Frühlingszwiebeln
300 g Tomaten
600 g Blattspinat (frisch oder TK)
2 EL Olivenöl | Salz | Pfeffer
400 g Lachsfilet | 200 g saure Sahne
150 g Emmentaler Käse
Butter für die Form

Für 4 Personen
30 Min. Zubereitung | ca. 25 Min. Backen
Pro Portion ca. 680 kcal, 38 g EW, 48 g F, 24 g KH

1 Kartoffeln waschen, mit Schale in ausreichend Wasser in 20 Min. garen. Abgießen, pellen und ca. 1 cm groß würfeln. Petersilie waschen und trockenschütteln, die Blättchen klein schneiden. Knoblauch schälen, klein schneiden. Frühlingszwiebeln putzen, waschen, in 3 cm lange Stücke schneiden. Tomaten waschen, in Scheiben schneiden. Spinat waschen, putzen (TK-Spinat auftauen lassen).
1 EL Öl erhitzen. Spinat und Knoblauch zugeben und 3 Min. dünsten, salzen, pfeffern und abkühlen lassen. Lachs ca. 2 cm groß würfeln.

2 Ofen auf 190° vorheizen. Form einfetten. Frühlingszwiebeln im übrigen Öl dünsten. Vom Herd ziehen. Saure Sahne, Petersilie, Kartoffeln, Lachs zugeben, salzen, pfeffern. In die Form füllen. Spinat und Tomaten draufgeben. Käse reiben, drüberstreuen. Im Ofen (Mitte, Umluft 170°) 25 Min. backen.

oben: Lachs-Spinat-Gratin | unten: Kartoffel-Hering-Gratin

beliebter Klassiker | gästetauglich

Lachs-Lasagne

Diese weißgrüne Komposition mit der edlen Lachsfüllung wird Sie und Ihre Gäste begeistern.

¾ l Béchamelsauce (Rezept Seite 7)
½ Bund Baslikum
400 g Lachsfilet
350 g weiße oder grüne Lasagneblätter (ohne Vorkochen)
Salz | Pfeffer
80 g Parmesan
Öl für die Form

Für 4 Personen
15 Min. Zubereitung | ca. 40 Min. Backen
Pro Person ca. 900 kcal, 47 g EW, 41 g F, 85 g KH

1 Béchamelsauce zubereiten. Basilikum waschen und trockenschütteln, die Blättchen in feine Streifen schneiden und in die Sauce rühren.

2 Das Lachsfilet eventuell entgräten und in ca. ½ cm dicke Scheiben schneiden. Den Backofen auf 190° vorheizen. Die Form mit Öl einfetten. Den Boden mit etwas Béchamelsauce bedecken.

3 Dann abwechselnd Lasagneblätter, Sauce und Fisch einschichten, bis alles aufgebraucht ist. Jede Schicht salzen und pfeffern. Die letzte Schicht soll aus Sauce bestehen. Den Käse reiben und darüber streuen. Im Ofen (Mitte, Umluft 170°) ca. 40 Min. backen.

UND DAZU?

Trockener Weißwein, Baguette, Blattsalat und Pesto

VARIANTE – MIT HACKFLEISCH

Wer möchte, kann anstelle von Lachs eine Hackfleischsauce zubereiten: Dafür 1 EL Olivenöl in einer Pfanne erhitzen. 300 g Hackfleisch, 50 g Zwiebelwürfel und 1 TL getrockneten Oregano zugeben, 1 Knoblauchzehe schälen, dazupressen und alles in 7 Min. kräftig anbraten. ¼ l passierte Tomaten (Tetrapack) zugeben und aufkochen lassen. Salzen, pfeffern und einkochen lassen, bis die Sauce dickflüssig ist. 250 g Mozzarella abtropfen lassen und würfeln. Jeweils 4–5 EL Hackfleischsauce und Béchamelsauce auf die Lasagneblätter geben, Mozzarella und etwas Parmesan darüber streuen. Mit Hackfleischsauce, Béchamelsauce und dem übrigen Parmesan enden.

VARIANTE – MIT AUBERGINEN

400 g Tomaten-Kräuter-Sauce und ½ l Béchamelsauce zubereiten (Rezepte Seite 6 und 7). 500 g Auberginenscheiben in Öl goldbraun braten. 250 g Mozzarella abtropfen lassen und würfeln. 80 g Parmesan reiben. Die Lasagneblätter, Auberginen Tomaten-Kräuter-Sauce, Mozzarella, Béchamelsauce, Parmesan lagenweise in die Form schichten, bis alle Zutaten verbraucht sind. Mit Béchamelsauce und Parmesan enden.

Fruchtig und süß

Leichtes Dessert oder gleich den süßen Sattmacher als Hauptgericht? Hier wird die Wahl zur Qual. Versuchen Sie daher doch unseren Kirschauflauf, den man so in der französischen Provinz Limousin findet: Frische dunkle Süßkirschen und eine Eiercreme perfekt vereint in einer Form – einfach ein Genuss!

Clafoutis mit Kirschen

600 g dunkle Süßkirschen
3 Eier
1 Eiweiß
80 g Zucker (oder Akazienhonig)
¼ l Milch
1 Prise Salz
1 Päckchen Vanillezucker
5 EL Mehl
Butter und Mehl für die Form

Für 4 Personen
20 Min. Zubereitung | ca. 40 Min. Backen
Pro Portion ca. 330 kcal, 11 g EW, 8 g F, 52 g KH

1 Backofen auf 200° vorheizen. Die Form einfetten und mit Mehl ausstreuen. Die Kirschen waschen, abtropfen lassen und entsteinen.

2 Eier, Eiweiß und Zucker mit dem Handrührgerät schaumig rühren. Milch, Salz, Vanillezucker und Mehl unterrühren. Kirschen zugeben, unterrühren und in die Form geben. Im Backofen (Mitte, Umluft 170°) ca. 40 Min. backen.

VARIANTE – MIT ÄPFELN
Anstelle von Kirschen 800 g Apfelspalten nehmen und mit 1 TL Zimtpulver, 2 EL Zitronensaft und 50 g Korinthen vermengen und unter die Eiermasse ziehen.

Klassiker aus Süddeutschland

Scheiterhaufen

50 g Butter | 12 Scheiben Vollkorntoast | 50 g Rosinen | 500 g Äpfel | 30 g gemahlene Mandeln | 60 g Zucker | 1 TL Zimtpulver | abgeriebene Schale von ½ Bio-Zitrone | 4 Eier | 1 Päckchen Vanillezucker | ½ l Milch | Butter für die Form

Für 4 Personen
1 Std. Zubereitung | ca. 45 Min. Backen
Pro Portion ca. 670 kcal, 22 g EW, 30 g F, 78 g KH

1 Butter schmelzen lassen. Brot toasten, mit Butter beträufeln und in Dreiecke schneiden. Die Form einfetten. Boden und Rand der Form mit der Hälfte der Brotdreiecke belegen.

2 Ofen auf 180° vorheizen. Rosinen waschen. Äpfel schälen entkernen, in Spalten schneiden. Mit Rosinen, Mandeln, Zucker, Zimt, Zitronenschale, übrigem Brot mischen. In die Form füllen. Eier, Vanillezucker und Milch verrühren, darüber gießen, ca. 15 Min. ziehen lassen. Im Ofen (Mitte, Umluft 160°) ca. 45 Min. backen. Dazu passt Vanillesauce.

irisches Familienrezept | fruchtig

Aprikosen-Crumble

700 g Aprikosen | 250 g Süßkirschen | 2 Orangen | 1 Stück Ingwer (ca. ½ cm) | 2 EL Honig | 1 EL Speisestärke | 60 g brauner Zucker | 60 g Mehl | 60 g gemahlene Haselnüsse | 1 TL Zimtpulver | 60 g Butter | Butter für die Form

Für 4 Personen
1 Std. Zubereitung | ca. 45 Min. Backen
Pro Portion ca. 490 kcal, 6 g EW, 22 g F, 65 g KH

1 Ofen auf 180° vorheizen. Die Form einfetten. Aprikosen und Kirschen waschen, entsteinen. Aprikosen vierteln, mit den Kirschen in die Form füllen. Den Saft der Orangen auspressen. Ingwer schälen und fein reiben. Mit Orangensaft, Honig und Speisestärke verrühren und unter die Früchte rühren. Im Ofen (Mitte, Umluft 160°) ca. 15 Min. backen.

2 Zucker, Mehl, Nüsse und Zimtpulver mit Butter in Flöckchen zu Streuseln verkneten. Über den Früchten verteilen. Im Ofen bei 200° (Mitte, Umluft 180°) ca. 30 Min. backen.

italienisch | gelingt leicht

Reis-Mandel-Auflauf

1 l Milch | 1 Prise Salz | 150 g Zucker | 40 g Butter | 300 g Langkornreis (parboiled) | 4 Eier | 80 g Rosinen | 80 g Mandelstifte | 1 Päckchen Vanillezucker | Butter für die Form

Für 6 Personen
90 Min. Zubereitung | ca. 45 Min. Backen
Pro Portion 620 kcal, 17 g EW, 23 g F, 86 g KH

1 Milch, Salz, 80 g Zucker, Butter und Reis in einen Topf geben und aufkochen lassen. Den Reis offen unter Rühren in ca. 20 Min. garen, bis er die Milch aufgesogen hat. Den Milchreis beiseite stellen und abkühlen lassen.

2 Ofen auf 180° vorheizen. Die Form einfetten. Eier trennen. Eigelbe, Rosinen und Mandeln unter den Reis mischen. Eiweiße mit dem übrigen Zucker und Vanillezucker steif schlagen. Eischnee nach und nach unterrühren. Den Reis drei Viertel hoch in die Form füllen. Im Ofen (Mitte, Umluft 160°) ca. 45 Min. backen. Dazu passt Orangen- oder Schokoladensauce.

beliebt bei Kindern | preiswert

Grießauflauf

3 Eier | 80 g Zucker | 100 g Butter | 250 g Grieß | 1 Prise Salz | 1 Päckchen Vanillezucker | 1 TL Backpulver | abgeriebene Schale von ½ Bio-Zitrone | 800 ml Milch | Butter für die Form

Für 4 Personen
1 Std. Zubereitung | ca. 35 Min. Backen
Pro Portion ca. 680 kcal, 19 g EW, 34 g F, 75 g KH

1 Backofen auf 190° vorheizen. Die Form einfetten. Eier trennen. Eigelbe mit 50 g Zucker und Butter schaumig rühren. Grieß, Salz, Vanillezucker, Backpulver, Zitronenschale und 200 ml Milch unterrühren. Eiweiße mit dem übrigen Zucker steif schlagen und nach und nach unterrühren. In die Form füllen. Im Ofen (Mitte, Umluft 170°) ca. 35 Min. backen. In den letzen 10 Min. bei Bedarf abdecken.

2 Übrige Milch erhitzen und über den Auflauf gießen. Im abgeschalteten Ofen ca. 10 Min. quellen lassen. Dazu passen pürierte Beeren mit Zucker und Zitronensaft.

fürs Büfett | preiswert

Trockenfrüchte-Gratin

Dieser Winterauflauf gelingt leicht mit Zutaten aus dem Vorrat, braucht aber etwas Zeit zum Einweichen der Trockenfrüchte.

80 g getrocknete Pflaumen
150 g getrocknete Aprikosen
80 g getrocknete Apfelstücke
50 g Rosinen
50 g Honig
1 Apfel (z. B. Boskop)
3 frische Eier
200 g Frischkäse
½ TL Zimtpulver
½ TL Vanillezucker
Butter für die Form

Für 4 Personen | 15 Min. Zubereitung
12 Std. Einweichen | ca. 25 Min. Backen
Pro Portion ca. 410 kcal, 13 g EW, 9 g F, 65 g KH

1 Pflaumen, Aprikosen, Apfelstücke und Rosinen mit ¾ l Wasser bedecken und 12 Std. oder über Nacht einweichen.

2 Den Backofen auf 190° vorheizen. Die Form einfetten. 1 EL Honig unter die eingeweichten Früchte mischen. Die Trockenfrüchte samt Flüssigkeit in einem Topf bei mittlerer Hitze aufkochen und ca. 5 Min. köcheln lassen.

3 Den Apfel waschen, vom Kerngehäuse befreien, in ca. 1 cm große Würfel schneiden und zu den Trockenfrüchten geben. Die Früchte beiseite stellen und abkühlen lassen.

4 Die Eier trennen, die Eigelbe anderweitig verwenden (siehe Tipp). Die Eiweiße in einer fettfreien hohen Schüssel mit dem Handrührgerät steif schlagen. Den Eischnee kalt stellen.

5 Den Frischkäse in einer Schüssel glatt rühren und mit Zimtpulver, Vanillezucker und dem übrigen Honig würzen. Die Früchte mit ⅛ l Sud in die Form geben.

6 Ein Drittel von dem Eischnee nach und nach mit einem Löffel vorsichtig unter die Frischkäsemasse rühren. Den restlichen Eischnee so unterziehen, dass möglichst viel Volumen erhalten bleibt.

7 Die Käsecreme über den Früchten verteilen und glatt streichen. Im Ofen (Mitte, Umluft 170°) ca. 25 Min. backen, bis die Oberfläche gebräunt ist. Das Gratin warm oder kalt servieren.

TIPPS

Eine orientalische Geschmacksnote erhalten Sie, wenn Sie 1 Sternanis zu den Trockenfrüchten geben und mitköcheln lassen.
Die übrigen Eigelbe können Sie einfrieren und für einen anderen Auflauf mit Eiermilch oder Eierguss verwenden.

Klassiker für Schokoladen-Fans

Schokoladen-Soufflé

80 g Zartbitterschokolade (oder Kuvertüre)
40 g Butter
40 g Mehl
¼ l Milch
20 g Kakaopulver
5 frische Eier
70 g Zucker
1 Prise Salz
Butter und Puderzucker für die Souffléform

Für 4 Personen
55 Min. Zubereitung | ca. 40 Min. Backen
Pro Person ca. 450 kcal, 14 g EW, 26 g F, 39 g KH

1 Die Form mit Butter einfetten und mit Puderzucker bestäuben. Schokolade in einer Schüssel im heißen Wasserbad schmelzen lassen. Butter in einem Topf zerlassen, Mehl zugeben und goldgelb anschwitzen. Nach und nach die Milch mit einem Schneebesen einrühren, aufkochen und unter Rühren 5 Min. quellen lassen. Vom Herd ziehen. Kakao und Schokolade unterrühren. 4 Eier trennen. Erst das ganze Ei, dann nacheinander 4 Eigelbe mit dem Schneebesen in die Schokomilch rühren.

2 Den Backofen auf 200° vorheizen. Eiweiße mit Zucker und Salz steif schlagen, bis der Eischnee schnittfest ist. Eischnee mit dem Kochlöffel nach und nach unter die Schokomasse ziehen. Die Masse zwei Drittel hoch in die Form füllen. Die Fettpfanne aus dem Backofen mit Wasser füllen, die Form hineinstellen. Den Auflauf im Ofen (Mitte, Umluft 180°) ca. 40 Min. backen. Während des Backens die Ofentüre nicht öffnen. Beim Herausnehmen Zugluft vermeiden.

überraschend gut | gästetauglich

Ricottacreme-Soufflé

1 Bio-Zitrone
120 g Puderzucker
5 frische Eier
500 g Ricotta
1 TL Zimtpulver
½ TL Vanillezucker
50 g Korinthen
40 g gehackte Pistazien
Öl und Mehl für die Souffléform

Für 4 Personen
20 Min. Zubereitung | ca. 50 Min. Backen
Pro Portion ca. 540 kcal, 29 g F, 25 g EW, 45 g KH

1 Den Backofen auf 190° vorheizen. Die Form mit Öl einpinseln und mit Mehl bestäuben. Die Zitrone waschen und abtrocknen. Von einem Viertel die Schale abreiben, 1 TL Saft auspressen. Puderzucker durchsieben. Die Eier trennen. Die Eigelbe kühl stellen. Die Eiweiße halb steif schlagen, Zitronensaft und 1 TL Puderzucker zugeben und weiterschlagen, bis der Eischnee schnittfest ist. Den Eischnee kalt stellen.

2 Ricotta und übrigen Puderzucker mit dem Handrührgerät glatt rühren. Eigelbe nach und nach unterarbeiten. Zimtpulver, Vanillezucker, Korinthen, Pistazien und Zitronenschale unterrühren.

3 Eischnee mit einem Löffel nach und nach vorsichtig unter die Ricottamasse ziehen. Die Masse zwei Drittel hoch in die Form füllen. Im Ofen (Mitte, Umluft 170°) 40–50 Min. backen. Mit einem Holzstäbchen die Garprobe machen. Dazu passen frische Himbeeren.

Zum Gebrauch

Damit Sie Rezepte mit bestimmten Zutaten noch schneller finden können, stehen in diesem Register zusätzlich auch beliebte Zutaten wie **Gouda** und **Reis** – ebenfalls alphabetisch geordnet und **hervorgehoben** – über den entsprechenden Rezepten.

A

Äpfel: Scheiterhaufen 54

Aprikosen
- Aprikosen-Crumble 54
- Trockenfrüchte-Gratin 56

Auberginen
- Auberginen-Auflauf 10
- Orientalische Moussaka 31
- Pastitsio mit Ricotta 44
- Spiralnudelgratin mit Lamm 46

B

Béchamelsauce
- Blumenkohl-Gorgonzola-Auflauf 20
- Brokkoli-Schinken-Gratin 45
- Chicorée-Schinken-Gratin 38
- Fischauflauf 45
- Grundrezept 7
- Lachs-Lasagne 50

Bergkäse
- Käsespätzle-Gratin 26
- Warenkunde 64

Blumenkohl-Gorgonzola-Auflauf 20

Bohnen
- Makkaronigratin 38
- Mediterraner Bohnenauflauf 32

Brie (Warenkunde) 64
Brokkoli-Schinken-Gratin 45
Brotauflauf mit Käse 18
Bulgur: Kürbisauflauf mit Bulgur 18

C

Camembert (Warenkunde) 64
Cannelloni, Überbackene 28

Cheddar
- Süßkartoffel-Auflauf 10
- Warenkunde 64

Chicorée-Schinken-Gratin 38
Chorizo: Spanischer Gemüseauflauf mit Chorizo 40
Clafoutis mit Kirschen 53
Couscousauflauf mit Putenbrust 36
Currysauce (Variante) 7

E/F

Edamer
- Gemüse-Flan 14
- Warenkunde 64

Emmentaler
- Käsesoufflé 24
- Lachs-Spinat-Gratin 48
- Warenkunde 64

Farfalle-Ricotta-Auflauf 28
Fischauflauf 45
Fontina: Gratinierte Polenta 22

Frischkäse
- Trockenfrüchte-Gratin 56
- Warenkunde 64

G/H

Gemüse à la crème 21
Gemüseauflauf mit Chorizo, Spanischer 40
Gemüse-Flan 14
Gemüse-Pie 12

Gorgonzola
- Blumenkohl-Gorgonzola-Auflauf 20
- Gorgonzolasauce (Variante) 7
- Warenkunde 64

Gouda
- Brokkoli-Schinken-Gratin 45
- Brotauflauf mit Käse 18
- Chicorée-Schinken-Gratin 38
- Rosenkohlgratin 14
- Warenkunde 64

Gratin Dauphinois 9
Gratinierte Polenta 22

Greyerzer
- Gratin Dauphinois 9
- Kartoffel-Hering-Gratin 48
- Makkaroniauflauf Pastitsio 42
- Makkaronigratin 38
- Warenkunde 64

Grießauflauf 55
Grünkohl-Salami-Auflauf 34
Hering: Kartoffel-Hering-Gratin 48

K

Kartoffeln
- Gemüse-Pie 12
- Gratin Dauphinois 9
- Grünkohl-Salami-Auflauf 34
- Kartoffel-Hering-Gratin 48
- Kartoffel-Pilz-Auflauf 11
- Lachs-Spinat-Gratin 48
- Spanischer Gemüseauflauf mit Chorizo 40
- Wirsingauflauf 21

Käse-Sahne-Sauce (Variante) 7
Käsesoufflé 24
Käsespätzle-Gratin 26

Kirschen
- Aprikosen-Crumble 54
- Clafoutis mit Kirschen 53

Knoblauchwurst: Makkaronigratin 38
Kürbisauflauf mit Bulgur 18

L

Lachs
- Lachs-Lasagne 50
- Lachs-Spinat-Gratin 48

Lamm
Mediterraner Bohnenauflauf 32
Orientalische Moussaka 31
Spiralnudelgratin mit Lamm 46

Leerdamer (Warenkunde) 64
Letscho (Info) 42

M

Makkaroniauflauf Pastitsio 42
Makkaronigratin 38
Mangold-Nudel-Auflauf 16
Mascarpone: Überbackene Cannelloni 28
Mediterraner Bohnenauflauf 32
Moussaka, Orientalische 31

Mozzarella
Auberginen-Auflauf 10
Kartoffel-Pilz-Auflauf 11
Parmigiana mit Zucchini 11
Warenkunde 64

Münster (Warenkunde) 64

N

Nudeln
Brokkoli-Schinken-Gratin 45
Farfalle-Ricotta-Auflauf 28
Fischauflauf 45
Makkaroniauflauf Pastitsio 42
Makkaronigratin 38
Mangold-Nudel-Auflauf 16
Penne-Spargel-Gratin 26
Spiralnudelgratin mit Lamm 46
Überbackene Cannelloni 28

O/P

Orientalische Moussaka 31
Paprika-Reis-Auflauf 22

Paprikaschoten
Paprika-Reis-Auflauf 22
Spanischer Gemüseauflauf mit Chorizo 40

Parmesan
Fischauflauf 45
Kartoffel-Pilz-Auflauf 11
Lachs-Lasagne 50
Parmigiana mit Zucchini 11
Penne-Spargel-Gratin 26
Spanischer Gemüseauflauf mit Chorizo 40
Spiralnudelgratin mit Lamm 46
Überbackene Cannelloni 28
Warenkunde 64

Parmigiana mit Zucchini 11
Pastitsio mit Ricotta 44
Penne-Spargel-Gratin 26

Pilze
Brotauflauf mit Käse 18
Kartoffel-Pilz-Auflauf 11
Pastitsio mit Ricotta 44

Polenta; Gratinierte 22
Putenbrust: Couscousauflauf mit Putenbrust 36

Q/R

Quark (Warenkunde) 64

Reis
Paprika-Reis-Auflauf 22
Reis-Mandel-Auflauf 55

Ricotta
Farfalle-Ricotta-Auflauf 28
Pastitsio mit Ricotta 44
Ricottacreme-Soufflé 58
Warenkunde 64

Roquefort (Warenkunde) 64
Rosenkohlgratin 14

S

Salami: Grünkohl-Salami-Auflauf 34
Salsa verde (Info) 40
Sauerkraut-Auflauf 34

Schafkäse
Auberginen-Auflauf 10
Paprika-Reis-Auflauf 22
Warenkunde 64

Scheiterhaufen 54

Schinken
Brokkoli-Schinken-Gratin 45
Chicorée-Schinken-Gratin 38

Schokoladen-Soufflé 58
Spanischer Gemüseauflauf mit Chorizo 40
Spargel: Penne-Spargel-Gratin 26

Spätzle
Käsespätzle-Gratin 26
Rosenkohlgratin 14

Spinat
Lachs-Spinat-Gratin 48
Überbackene Cannelloni 28

Spiralnudelgratin mit Lamm 46
Süßkartoffel-Auflauf 10

T

Tomaten
Auberginen-Auflauf 10
Lachs-Spinat-Gratin 48
Orientalische Moussaka 31
Parmigiana mit Zucchini 11
Pastitsio mit Ricotta 44
Tomaten-Kräuter-Sauce (Grundrezept) 6
Überbackene Cannelloni 28

Trockenfrüchte-Gratin 56

U/W/Z

Überbackene Cannelloni 28
Wirsingauflauf 21

Zucchini
Gemüse-Flan 14
Parmigiana mit Zucchini 11
Pastitsio mit Ricotta 44

Unsere Garantie

Alle Informationen in diesem Ratgeber sind sorgfältig und gewissenhaft geprüft. Sollte dennoch einmal ein Fehler enthalten sein, schicken Sie uns das Buch mit dem entsprechenden Hinweis an unseren Leserservice zurück. Wir tauschen Ihnen den GU-Ratgeber gegen einen anderen zum gleichen oder ähnlichen Thema um.

Liebe Leserin und lieber Leser,

wir freuen uns, dass Sie sich für ein GU-Buch entschieden haben. Mit Ihrem Kauf setzen Sie auf die Qualität, Kompetenz und Aktualität unserer Ratgeber. Dafür sagen wir Danke! Wir wollen als führender Ratgeberverlag noch besser werden. Daher ist uns Ihre Meinung wichtig. Bitte senden Sie uns Ihre Anregungen, Ihre Kritik oder Ihr Lob zu unseren Büchern. Haben Sie Fragen oder benötigen Sie weiteren Rat zum Thema? Wir freuen uns auf Ihre Nachricht!

Wir sind für Sie da!
Montag – Donnerstag: 8.00 – 18.00 Uhr;
Freitag: 8.00 – 16.00 Uhr
Tel.: 0180-5 00 50 54*
Fax: 0180-5 01 20 54*
E-Mail:
leserservice@graefe-und-unzer.de
*(0,14 €/Min. aus dem dt. Festnetz/ Mobilfunkpreise max. 0,42 €/Min.)

P.S.: Wollen Sie noch mehr Aktuelles von GU wissen, dann abonnieren Sie doch unseren kostenlosen GU-Online-Newsletter und/oder unsere kostenlosen Kundenmagazine.

GRÄFE UND UNZER VERLAG
Leserservice
Postfach 86 03 13
81630 München

Projektleitung: Tanja Dusy
Lektorat: Maryna Zimdars
Layout, Typografie und Umschlaggestaltung: independent Medien-Design, Horst Moser, München
Satz: Liebl Satz+Grafik, Emmering
Herstellung: Petra Roth
Reproduktion:
Penta Repro, München
Druck: Firmengruppe APPL, aprinta druck, Wemding
Bindung: Firmengruppe APPL, m.appl, Wemding
Syndication:
www.jalag-syndication.de

ISBN 978-3-8338-3242-0
Limitierte Sonderausgabe 2013

Umwelthinweis:
Dieses Buch ist auf PEFC-zertifiziertem Papier aus nachhaltiger Waldwirtschaft gedruckt.

GRÄFE UND UNZER

Ein Unternehmen der
GANSKE VERLAGSGRUPPE

Die Autoren

Elisabeth Döpp, UGB-Gesundheitstrainerin im Bereich Ernährung, schreibt seit 20 Jahren erfolgreich Kochbücher. **Christian Willrich,** gebürtiger Elsässer, ist Küchendirektor und präsentiert seine feine Naturküche mit großem Erfolg. **Jörn Rebbe** ist als Küchenchef Spezialist für exotische Küche. Wie Willrich ist er für ein führendes Düsseldorfer Catering-Unternehmen tätig.

Der Fotograf

Jörn Rynio arbeitet als Fotograf in Hamburg. Zu seinen Auftraggebern gehören nationale und internationale Zeitschriften, Buchverlage und Werbeagenturen. Aus seinem Studio stammen alle Fotos in diesem Band. Tatkräftig unterstützt wurde er dabei von seiner Foodstylistin Petra Speckmann.

Bildnachweis

Titelfoto: Joerg Lehmann, Paris; alle anderen: Jörn Rynio, Hamburg

Titelbildrezept

Lachs-Spinat-Gratin, Seite 48

www.facebook.com/gu.verlag

Die Temperaturangaben bei Gasherden variieren von Hersteller zu Hersteller. Welche Stufe Ihres Herdes der jeweils angegebenen Temperatur entspricht, entnehmen Sie bitte der Gebrauchsanweisung. Bei Elektroherden können die Backzeiten je nach Herd variieren.

Unsere Treue-Aktion

50 MIO. VERKAUFTE KÜCHENRATGEBER!

Treue-Preis 4,99 € [D, A]

statt 7,99 € [D] / 8,30 € [A]

LIMITIERTE SONDERAUSGABE

ISBN 978-3-8338-3242-0

ISBN 978-3-8338-3241-3

ISBN 978-3-8338-3246-8

ISBN 978-3-8338-3247-5

ISBN 978-3-8338-3244-4

ISBN 978-3-8338-3245-1

ISBN 978-3-8338-3240-6

ISBN 978-3-8338-3243-7

www.gu.de: Blättern Sie in unseren Büchern, entdecken Sie wertvolle Hintergrundinformationen sowie unsere Neuerscheinungen.

GU

Willkommen im Leben.

Käse aus aller Welt

Käse bringt Geschmack in Aufläufe und Gratins – von zart über mild bis herzhaft. Hier eine Auswahl geeigneter Käsesorten mit Geschmacks-Steckbrief.

Parmesan Mit seinem würzigen Geschmack ist der Italiener der König unter den Auflaufkäsen. Er lässt sich leicht reiben und verbindet sich sehr gut mit den einzelnen Schichten, auf die er gestreut wird. Auch Käsesaucen gelingen mit Parmesan ausgezeichnet. Obenauf gestreut verlangt er jedoch etwas Sorgfalt: Er schmilzt nicht und kann bei längeren Backzeiten bitter werden. Streuen Sie deshalb geriebenen Parmesan erst kurz gegen Ende der Garzeit über den Auflauf.

Cheddar Der englische Hartkäse schmeckt aromatisch und kräftig. Er ist ideal zum Reiben und kann anstelle von Parmesan für Käsesaucen verwendet werden. Er passt hervorragend zu Brotaufläufen.

Greyerzer, Emmentaler und Bergkäse Diese Hartkäsesorten sind mild und aromatisch und lassen sich gut reiben. Sie sind ideal zum Überbacken, aber auch zum Verfeinern von Saucen. Im Supermarkt gibt es diese beliebten Sorten in der Kühltheke meist vakuumverpackt, fein gerieben und grob geraspelt – manchmal auch in Mischungen.

Gouda, Edamer und Leerdamer Alle drei Schnittkäse sind sahnig und mild und eignen sich ausgezeichnet zum Überbacken. Sie ziehen keine Fäden und schmelzen gut. Bei Gouda wählen Sie am besten junge und mittelalte Sorten. Probieren Sie auch einmal den besonders milden Leerdamer aus. Er ist eine neuere Käsesorte und liegt geschmacklich zwischen Gouda und Emmentaler.

Gorgonzola und Roquefort Sie geben Gratins und Aufläufen mit Käsesauce ein würziges, kräftiges Aroma. Vegetarische Gemüse- und Nudelaufläufe schmecken durch sie besonders intensiv. Probieren Sie zur Abwechslung auch mal andere Schimmelkäse wie Bavaria Blue aus.

Brie, Camembert und Münster/Munster Diese Weichkäse schmelzen schnell und verbrennen leicht. Achten Sie deshalb auf kurze Backzeiten und nicht zu hohe Temperaturen.

Schafkäse Der Frischkäse Feta aus Griechenland hat ein pikantes und frische Aroma, ist aber recht salzig. Er gibt Füllungen einen eigenwilligen Geschmack und ist ideal fürs kurze Überbacken.

Mozzarella Der zart schmelzende Käse eignet sich ebenfalls nur zum kurzen Überbacken, sonst wird er zäh. Bei Aufläufen mit längeren Backzeiten ist er in den mittleren Schichten, mit etwas Parmesan vermischt, bestens aufgehoben.

Ricotta, Doppelrahm-Frischkäse und Quark
Mit Eiermilch verquirlt ergeben sie einen prima Guss für Aufläufe. Alle drei Frischkäse können statt Sahne und Crème fraîche verwendet werden.

GUT ZU WISSEN

Auch wenn es Käse gerieben oder geraspelt abgepackt zu kaufen gibt, testen Sie den Unterschied zu frisch geriebenem. Reiben Sie ihn selbst, dann hat er das beste Aroma. Ein vierkantiger Reibeturm ist zum Reiben perfekt. Ein Stück Hartkäse wie Parmesan sollten Sie immer parat haben. Er hält sich in der Käsedose oder in Pergamentpapier verpackt im Kühlschrank gut 14 Tage.